INA ANDRESEN

KINDER KOSTÜME KISTE

44 KUNTERBUNTE VERKLEIDUNGSIDEEN ZUM NÄHEN

Inhalt

Vorwort

Bühne frei für die KinderKostümeKiste!

Ob für Fasching, Karneval, Halloween oder fantasievolle Rollenspiele das ganze Jahr über – hier findest du einfache und vielseitige Kostümideen.

Von magischen Zauberern, fantastischen Einhörnern und anmutigen Meerjungfrauen bis hin zu Superhelden, Wikingern und Feuerwehrleuten – die Kostüme lassen sich leicht nähen und individuell anpassen. Lass deiner Kreativität freien Lauf und zaubere deinen Kindern ein Lächeln ins Gesicht!

Viel Spaß beim Nähen und Verkleiden!

Herzlich,

Ina Andresen

Wir lieben verkleiden!

Kinder lieben es, in andere Rollen zu schlüpfen und sich zu verkleiden. Ob als mutige Superhelden, zauberhafte Prinzessinnen oder tapfere Feuerwehrleute – Rollenspiele sind ein fester Bestandteil ihrer kindlichen Welt. Diese Spiele sind nicht nur ein großer Spaß, sondern auch von großer Bedeutung für die kindliche Entwicklung.

Durch das Nachahmen und Erfinden von Szenarien lernen Kinder, sich in andere hineinzuversetzen und verschiedene Perspektiven einzunehmen. Sie üben dabei ganz unbewusst wichtige soziale Kompetenzen wie Empathie, Kommunikation und Teamarbeit. Rollenspiele fördern zudem die Kreativität und helfen den Kindern, ihre Fantasie auszuleben.

Indem sie in verschiedene Rollen schlüpfen, verarbeiten Kinder ihre Erlebnisse und Gefühle. Sie probieren unterschiedliche Verhaltensweisen aus und lernen, Konflikte zu lösen. So tragen Rollenspiele maßgeblich zur sozialen und emotionalen Entwicklung bei.
Eine besondere Tradition, die das Verkleiden und Rollenspielen fördert, sind die Faschings- und Karnevalfeiern in Kindergärten, Schulen und Vereinen. Diese Feste bieten den Kindern die Möglichkeit, ihre Lieblingskostüme zu tragen und in fantasievolle Rollen zu schlüpfen. Sie stärken das Gemeinschaftsgefühl und bieten den Kindern eine Bühne, auf der sie ihre Kreativität und sozialen Fähigkeiten ausleben können.

Rollenspiele und Verkleidungen sind weit mehr als nur ein Zeitvertreib – sie sind ein wichtiger Bestandteil der kindlichen Entwicklung und ein Ausdruck ihrer lebendigen Fantasie.

Kostüme sind für alle da!

In unserer bunten Welt der Kostüme gibt es keine Grenzen – alle Kostümideen sind sowohl für Jungen als auch für Mädchen geeignet. Es ist wichtig, sich von der eigenen Fantasie und den individuellen Ideen leiten zu lassen, anstatt sich von traditionellen Geschlechterklischees einschränken zu lassen.

Beim Verkleiden dürfen Gender-Klischees gerne über Bord geworfen werden. Ein Junge kann genauso gut ein zauberhaftes Einhorn sein, wie ein Mädchen ein tapferer Wikinger. Kostüme sind für alle da, und jedes Kind sollte sich eingeladen fühlen, frei zu wählen, was ihm oder ihr gefällt.

Unsere Kostüme sind so gestaltet, dass sie jedem Kind die Möglichkeit bieten, in die Rolle zu schlüpfen, die es sich wünscht. Ob Superheld, Meerjungfrau, Feuerwehrmann oder Zauberin – die Wahl liegt ganz bei den Kindern. Denn letztlich geht es darum, Spaß zu haben und die eigene Kreativität auszuleben.

Lasst uns gemeinsam eine Welt schaffen, in der jedes Kind die Freiheit hat, das zu sein, was es möchte, und in der Fantasie und Individualität gefeiert werden!

Fantasievoll kombinieren

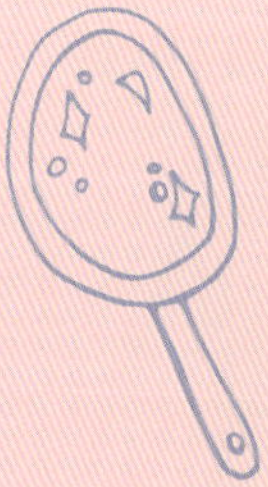

Beim Verkleiden sind der Fantasie keine Grenzen gesetzt! Die Möglichkeiten, verschiedene Kostümbestandteile wild und kreativ miteinander zu kombinieren, sind nahezu endlos. Warum nicht einmal einen Drachen mit einer Königskrone erschaffen? Oder ein Zauber-Einhorn, das nebenbei bei der Feuerwehr arbeitet?

Solche fantasievollen Kombinationen machen das Verkleiden noch spannender und individueller.

Beim Verkleiden sollten Kinder die Freiheit haben, ihre Kreativität voll auszuleben. Es gibt keine festen Regeln oder Grenzen – alles ist erlaubt! Ob ein Pirat mit Feenflügeln, eine Prinzessin mit Superheldenumhang oder ein Astronaut mit Zauberstab – die Kombinationen sind so vielfältig wie die Fantasie der Kinder selbst.

Ermutige deine Kinder, ihre eigenen Ideen zu entwickeln und ihre Kostüme nach ihren Wünschen zu gestalten. So wird das Verkleiden zu einem unvergesslichen Erlebnis voller Spaß und Kreativität!

VERZAUBERT!

Hex-hex oder simsalabim? Abrakadabra oder Expecto Patronum?

Ganz egal! Die meisten Hexen und Zauberer, Magier:innen und Zauberschüler:innen brauchen einen langen Umhang, einen spitzen Hut und einen fantastischen Zauberstab! Kein Problem und ganz schnell selbstgenäht.

Übrigens, mit Brille und einer schnell geschminkten Blitz-Narbe auf der Stirn wird der Mini-Zauberer ganz schnell zu berühmtesten Schüler von Hogwarts. Mit ein paar Spinnweben aus der Sprühdose und einer möglichst beeindruckenden Plastikspinne als Begleitung macht das Kostüm auch zu Halloween einen gruseltollen Eindruck.

Spitzfindiger Zauberer- und Hexenhut
Anleitung auf Seite 14–15

Mächtiger Zauberstab, einfach wutschen und wedeln!
Anleitung auf Seite 42–43

Fantastischer Umhang für einen geheimnisvollen Gesamteindruck
Anleitung auf Seite 16–17

Spitzhut

Angemessen spitze Kopfbedeckung für Hexen und Zauberer, Magier:innen und Illusionisten

GRÖSSE KOPFUMFANG

One size

MATERIAL

Stoff 1: Baumwollstoff in Schwarz, 140 cm x 90 cm

Stoff 2: Baumwollstoff in Hellgrau mit weißen Punkten für die Applikationen, 60 cm x 20 cm

Bügeleinlage (z. B. Vlieseline® H 250), 90 cm x 90 cm

Klebevlies für Applikationen (z. B. Vlieseline® Vliesofix), 90 cm x 15 cm

farblich passendes Nähgarn

VORLAGENRBOGEN 1A

ZUSCHNITT

Stoff 1:
1x Hut im Stoffbruch
2x Hutrand im Stoffbruch

Stoff 2:
2x Stern-Applikation

1x Mond-Applikation

Bügeleinlage:
1x Hut im Stoffbruch

NÄHEN

1 Die Einlage auf die linke Stoffseite des Huttteils bügeln.

2 Applikationen vorbereiten, locker verteilt auf die rechte Stoffseite des Huttteils bügeln und mit Zickzackstichen festnähen.

3 Die untere Hutkante rechts auf rechts auf den Innenkreis eines Hutrandes stecken und festnähen, Nahtzugaben knipsen.

4 Rückwärtige Kante des zusammengesetzten Hutes mit Hutrand rechts auf rechts schließen.

5 Rückwärtige Kante des zweiten Hutrandes ebenfalls rechts auf rechts schließen.

6 Außenkanten der Hutränder rechts auf rechts zusammennähen, Nahtzugaben einknipsen.

7 Hut auf rechts wenden, Hutränder im Nahtbruch flach bügeln. Hutrand-Innenkanten und untere Hutkante an den Nahtzugaben zusammengefasst versäubern.

TIPP

Schön sieht der Hut auch mit Filz-Applikationen aus, diese werden mit Geradstichen appliziert.

Langer Umhang

mit Kapuze

Beeindruckender Mantel für alle Magier:innen – aber auch für Prinzessinnen perfekt! Und mit einem kleinen Trick lässt sich noch ein herrlich flattriges Gespenst aus dem Schnitt zaubern.

TIPP

Für eine andere Größe den Mantel an der unteren Kante kürzen oder verlängern. Den Stoffverbrauch dann anhand der neuen Schnittteile ermitteln.

GRÖSSE

116–122

MATERIAL

Magier:in

Stoff 1: Baumwollstoff/-satin in Schwarz, 140 cm x 150 cm

Stoff 2: Baumwollstoff in Hellgrau mit weißen Punkten, 40 cm x 25 cm

Stoff 3: Filz in Flieder, 1–2 mm stark, 16 cm x 16 cm

farblich passendes Garn

Prinzessin

Stoff 1: Baumwollstoff/-satin in Goldgelb, 140 cm x 150 cm

Samtband, 1 cm breit, 60 cm lang

2 Minipompons, ø 1 cm

farblich passendes Garn

VORLAGENBOGEN 2B

ZUSCHNITT

Magier:in

Untere und vordere Kanten mit 2 cm Nahtzugabe, alle übrigen Kanten mit 1 cm Nahtzugabe schneiden. Maße sind inkl. 1 cm Nahtzugabe.

Stoff 1: 1x Vorderteil bei doppelter Stofflage

1x Beleg-Vorderteil bei doppelter Stofflage

2x Kapuze bei doppelter Stofflage

1x Rückteil im Stoffbruch

1x Beleg-Rückteil im Stoffbruch

2x Einfassstreifen von 13 cm x 4 cm

2x Bindeband 30 cm x 4 cm

Stoff 2: 2x Tasche 20 cm x 24 cm

Stoff 3: 4x Stern

Prinzessin

Stoff 1: 1x Vorderteil bei doppelter Stofflage

1x Beleg-Vorderteil bei doppelter Stofflage

2x Kapuze bei doppelter Stofflage

1x Rückteil im Stoffbruch

1x Beleg-Rückteil im Stoffbruch

2x Einfassstreifen von 13 cm x 4 cm

NÄHEN

Magier:in

1 Die Vorderteile mit den Seiten bündig rechts auf rechts auf das Rückteil stecken und festnähen, die Nahtzugabe an den Rundungen einknipsen und versäubern.

2 Die Beleg-Vorderteile mit den Seiten bündig rechts auf rechts auf das Beleg-Rückteil stecken und festnähen, die Nahtzugabe versäubern.

3 Je zwei Kapuzenteile rechts auf rechts stecken und am Scheitel und der rückwärtigen Kante zusammennähen.

4 Je eine Kapuze rechts auf rechts an den Halsausschnitt des Umhangs sowie des Belegs stecken und von der Kapuzenseite aus festnähen.
Die Nahtzugabe an den Rundungen einknipsen.

5 Kapuze mit Beleg auf rechts wenden, mit der vorderen Kante der Kapuze rechts auf rechts an die vordere Kante der Umhang-Kapuze stecken und annähen.

6 Kapuzen links auf links wenden, Kapuzennaht im Nahtbruch bügeln.

7 Am Umhang die vorderen Kanten und die untere Kante je zweimal 1 cm breit nach links falten, bügeln und knappkantig steppen.

8 Einfassstreifen auf 1 cm fertige Breite einbügeln, je ein Ende 1 cm breit einschlagen und die vorderen Kanten des Belegs einfassen.

9 Die Bindebänder am oberen Ende der vorderen Kanten festnähen. Je zwei Filzsterne über die Enden der Bindebänder stecken und rundherum knappkantig steppen.

10 Außenkanten der Taschen versäubern und 1 cm breit nach links umbügeln. Für den Eingriff eine kurze Kante 1 cm nach links säumen, dann die Taschen nach Wunsch auf den Umhang steppen.

Prinzessin

1 – 7 Siehe Magier:in.

8 Das Samtband halbieren und je ein Stück am oberen Ende der vorderen Kanten festnähen. Je einen Pompon an die Bandenden nähen.

DRACHENSTARK

Einzigartig fantastisches Fabelwesen mit majestätischen Flugfähigkeiten

Willkommen im Reich der Drachen, wo die Fantasie Flügel erhält und jedes Kind zum beeindruckenden Fabelwesen werden kann!

Soll es Smaug aus dem Herrn der Ringe sein, Fuchur aus der Unendlichen Geschichte oder doch lieber Ohnezahn, der Nachtschatten aus Drachenzähmen leicht gemacht? Mit der passenden Farbauswahl für Drachenumhang, Maske und Füße lässt sich das Kostüm easy anpassen und macht alle Drachenfans glücklich.

Super einfach kombinieren – ganz schnell mit gekaufter, unifarbiger Kleidung wie hier. Oder, mit ein bisschen mehr Zeit: Die Grundschnitte für Leggins und Shirt in passenden Farben nähen. Wer mag, kann auch noch Applikationen als weitere Details einsetzen. Statt Maske kann auch passende Schminke für ein drachenstarkes Gesamtbild zum Einsatz kommen.

Geheimnisvolle
Drachenmaske
Anleitung auf Seite 48–49

Majestätische
Flügel zum Abheben
Anleitung auf Seite 22–23

Täuschend echte
Drachenfüße
Anleitung auf Seite 20–21

Drachenfüße

Gefährliche Pranken für wilde Drachen und Dinos

GRÖSSE

One size, ca. 15 cm x 25 cm

MATERIAL

Filz in Grün, 2 mm stark, 35 cm x 30 cm

Filz in Rot, 2 mm stark, 30 cm x 15 cm

Klettband, 2 cm breit, 20 cm lang

farblich passendes Nähgarn

VORLAGENBOGEN 2A

ZUSCHNITT

Nahtzugaben werden nicht benötigt.

Filz in Grün: 2x Fuß

Filz in Rot: 6x Kralle

Klettband: 2x 10 cm

NÄHEN

1 Für den Verschluss je ein Klett- bzw. Flauschband an den hinteren Enden von unten/oben auf die Füße nähen.

2 Auf jeden Fuß drei Krallen an die vordere Kante stecken und von der Oberseite aus knappkantig zur Außenkante der Oberseite festnähen.

Kurzer Umhang

Absolut wandelbarer Grundschnitt: mit oder ohne Kragen, und mit viel Platz für Details und Applikationen

GRÖSSE

One size

MATERIAL

Drache

Stoff 1: Baumwollstoff in Grün, 140 cm x 140 cm

Stoff 2: Filz in Rot, 2 mm stark, 40 cm x 12 cm

Volumenvlies, 5 mm stark, 140 cm x 60 cm

Zackenlitze in Hellgrün, 1 cm breit, 240 cm lang

Gummiband, 2 cm breit, 40 cm lang

farblich passendes Nähgarn

VORLAGENBOGEN 2B

ZUSCHNITT

Drache

Schnittteile mit 1 cm Nahtzugabe zuschneiden. Maßangaben sind inkl. 1 cm Nahtzugabe.

Stoff 1: 2x Umhang im Stoffbruch

1x Schwanz im Stoffbruch

1x Schwanz bei doppelter Stofflage

1x Bindeband/Einfassstreifen von 120 cm x 4 cm

2x Handschlaufe, 25 cm x 7 cm

Stoff 2: 1x Zackenteil

2x Schwanzspitze

4x Bindebandspitze

Volumenvlies:

1x Umhang im Stoffbruch

NÄHEN

1 Die Zacken zwischen die rechts auf rechts liegenden schmalen Schwanzteile nähen. Anschließend dieses Schwanzteil rechts auf rechts auf das große Schwanzteil stecken und die langen Kanten zusammennähen. Schwanz wenden und ausformen.

2 Für die Außenseite ein Umhangteil mit Volumenvlies unterbügeln. Vier Stücke Zackenlitze laut Foto aufnähen.

3 Den Schwanz mit der offenen Kante bündig in der unteren Mitte der Außenseite auflegen und innerhalb der Nahtzugabe anheften.

4 Die Umhang-Innenseite rechts auf rechts auf die Außenseite stecken und die Teile an den vorderen Kanten sowie der unteren Kante zusammennähen. Nahtzugaben an den Ecken quer kappen, an der Außenrundung einknipsen. Umhang wenden und die verstürzten Kanten bügeln. Die Halsausschnittkanten, links auf links liegend, mit Zickzackstichen zusammenfassen.

5 Halsausschnitt mit dem Einfassstreifen einfassen (dabei mit der Streifenlängsmitte in der rückwärtigen Mitte des Halsausschnitts mit dem Feststecken beginnen), die überstehenden Stücke für die Bindebänder an den langen Kanten knappkantig zusammensteppen.

6 Für die Handschlaufen die 7 cm breiten Streifen längs rechts auf rechts falten und die langen Kanten zusammennähen, anschließend mithilfe einer Sicherheitsnadel wenden. Das Gummiband halbieren, je ein Gummiband mithilfe einer Sicherheitsnadel einziehen und zum Ring schließen. Eine kurze Kante des Streifens 1 cm breit nach links falten, die andere kurze Kante 1 cm weit hineinschieben, zunähen.

7 Die Handschlaufen an den Ecken auf die Innenseite stecken (passende Position von Schulter zum Handgelenk messen oder ausprobieren, wo sie sitzen sollen) und mit breiten Zickzackstichen festnähen.

8 Die „Drachenschuppen“ laut Foto aufzeichnen und absteppen. Die Schwanzspitzen über das offene Ende des Schwanzes stecken und knappkantig zusammennähen. Die Spitzen für die Bindebänder ebenso an diesen befestigen.

GRÖSSE

One size

MATERIAL

Superheld:in

Stoff 1: Baumwollstoff in Orange (2x Außensegment), 140 cm x 60 cm

Stoff 2: Baumwollstoff in Blau (2x Außensegment), 140 cm x 60 cm

Stoff 3: Baumwollstoff in Gelb (1x Außensegment, 1x Futter), 140 cm x 100 cm

Stoff 4: Baumwollstoff in Hellgelb für die Applikationen, 70 cm x 15 cm

Klebevlies für Applikationen (z. B. Vlieseline® Vliesofix), 90 cm x 15 cm

Webband, 1 cm breit, 240 cm lang

Gummiband, 2 cm breit, 40 cm lang

farblich passendes Nähgarn

König:in

Stoff 1: Samt oder Faschingssatin in Rot, 140 cm x 70 cm

Stoff 2: Baumwollstoff in Rot, 140 cm x 70 cm

Stoff 3: Plüsch in Dalmatiner-Optik, 80 cm x 20 cm

farblich passendes Nähgarn

VORLAGENBOGEN 2B

ZUSCHNITT

Schnittteile mit 1 cm Nahtzugabe zuschneiden. Maßangaben sind inkl. 1 cm Nahtzugabe.

Superheld:in

Stoff 1: 2x Kreissegment a

1x Bindeband/Einfassstreifen von 120 cm x 4 cm

2x Handschlaufe, 25 cm x 7 cm

Stoff 2: 2x Kreissegment b

Stoff 3: 1x Kreissegment c im Stoffbruch

1x Umhang im Stoffbruch

Stoff 4: je 2x Stern-Applikation pro Sterngröße

König:in

Stoff 1: 1x Umhang im Stoffbruch

Stoff 2: 1x Umhang im Stoffbruch

1x Bindeband/Einfassstreifen von 120 cm x 4 cm

Stoff 3: 2x Kragen im Stoffbruch

NÄHEN

Superheld:in

1 Die Applikationen vorbereiten, auf die rechten Seiten der Kreissegmente aus Stoff 2 bügeln und mit Zickzackstichen festnähen.

2 Die fünf Kreissegmente für die Außenseite jeweils an den langen Kanten rechts auf rechts zusammennähen, die Nahtzugaben auseinanderbügeln. Auf jede Naht ein Stück Webband stecken und an beiden Rändern knappkantig festnähen.

3 Weiter siehe Schritte 4–7 beim Drachen.

König:in

1 Für den Umhang siehe Schritte 4 und 5 beim Drachen.

2 Die Kragenteile verstürzen, dabei in der unteren Mitte eine Wendeöffnung von 8 cm Breite auslassen.

3 Die Nahtzugaben an den Ecken abschneiden, an den Rundungen einknipsen. Den Kragen wenden, die Nahtzugaben an der Öffnung nach innen schieben, Öffnung mit Handstichen schließen.

4 Den Kragen mit dem Halsausschnitt bündig links auf rechts auf den Umhang stecken, von der Umhangseite aus mit Handstichen festnähen.

TIPP

Der Umhang eignet sich auch für Vampir-/Fledermaus- oder Ritter-Kostüme.

Seite 25

PRINZESSINEN-TRAUM

Märchenhafte Eleganz und bezaubernder Liebreiz

Oder eine wilde, starke Königstocher, die auf den Prinzen pfeift und lieber selbst auf dem Pferd durchs Königreich jagt? Alles möglich mit diesem easy selbstgenähten Tüllträumchen!

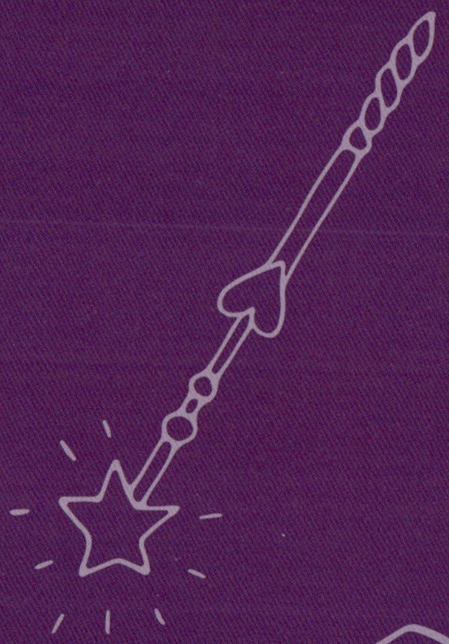

Hier kommen Lieblingsfarben zum Einsatz: Das Prinzessinnen-Outfit sieht Ton in Ton (wie hier in Gelb) besonders harmonisch aus, kann aber auch ganz bunt und fantasievoll zusammengestellt werden – ganz nach dem eigenen Geschmack. Wenn eine ganz bestimmte Prinzessin verkörpert werden soll, sucht man sich am besten ein Bild der gewählten Figur und orientiert sich bei der Stoffauswahl daran.

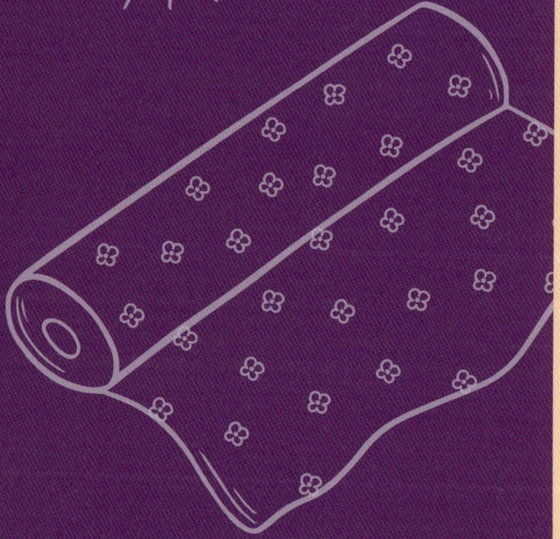

Zauberhafter Zauberstab
Anleitung auf Seite 42–43
Niemals ohne meine Krone!
Anleitung auf Seite 34–35
Entzückendes Oberteil
Anleitung auf Seite 28–29
Majestätischer Umhang
Anleitung auf Seite 16–17
Traum in Tüll: einfacher Rock mit Gummiband
Anleitung auf Seite 30–31

Oberteil

Schmückt Prinzessinnen und Meerjungfrauen und überhaupt alle, die ein zauberhaft elegantes Oberteil brauchen

GRÖSSE

104–110/116–122/128–134/
140–146

MATERIAL

Jersey in Gelb, 140 cm x 40 cm
Feintüll in Gelb, 110 cm x 25 cm
farblich passendes Nähgarn

VORLAGENBOGEN 2A

ZUSCHNITT

Schnittteile sind inkl. 1 cm Naht- und 2 cm Saumzugaben. Maße sind inkl. 1 cm Nahtzugabe.

Jersey:
1x Vorderteil im Stoffbruch
1x Rückteil im Stoffbruch
1x Beleg-Vorderteil im Stoffbruch
1x Beleg-Rückteil im Stoffbruch
2x Träger 40 cm x 6 cm

Feintüll:
2x Ärmel 100 cm x 10 cm

NÄHEN

1 Die Tüllstreifen jeweils an einer langen Kante kräuseln – auf die Länge der Trägerstreifen ohne Nahtzugabe.

2 Die Trägerstreifen zu Einfassstreifen mit einer fertigen Breite von 2 cm bügeln. Einen Tüllstreifen, mit der gekräuselten Kante, bei einem Trägerstreifen an der offenen langen Kante 1 cm weit zwischen die Lagen schieben (Nahtzugaben der kurzen Kanten bleiben frei) und den Streifen der Länge nach knappkantig schließen.

3 Das Vorderteil rechts auf rechts auf das Rückteil legen, die seitlichen Kanten stecken und nähen. Nahtzugaben versäubern. Shirt auf rechts wenden.

4 Das Beleg-Vorderteil rechts auf rechts auf das Beleg-Rückteil legen, die seitlichen Kanten stecken und nähen. Nahtzugaben versäubern.

5 Beleg rechts auf rechts bündig auf die Ausschnittkante stecken, die Träger mit den kurzen Kanten dazwischenschieben. Ausschnitt nähen, Nahtzugaben beschneiden. Den Beleg nach innen wenden, die Ausschnittkante im Nahtbruch flach bügeln. Den Beleg in der Seitennaht mit wenigen Stichen fixieren.

TIPP

Schön sieht das Oberteil auch mit Filz-Applikationen aus, diese werden mit geraden Stichen appliziert.

Tüllrock

Absolut unverzichtbar für Prinzessinnen, Feen und viele mehr, dabei super schnell gemacht und in der Länge total flexibel

GRÖSSE

Individuell

MATERIAL

Feintüll in Gelb, 120 cm breit, doppelte Rocklänge lang

Gummiband in passender Farbe, 5 cm breit, 1x Taillenumfang lang

farblich passendes Nähgarn

ZUSCHNITT

Feintüll:

2x Stoffbreite x Rocklänge

NÄHEN

1 Die Tüllbahnen an je einer langen Kante auf die 1½-fache Gummibandlänge kräuseln. Die Bahnen mit den gekräuselten Kanten bündig aufeinanderlegen und mit breiten Zickzackstichen zusammenfassen.

2 Das Gummiband gedehnt an die gekräuselte Kante stecken und mit Zickzackstichen festnähen.

3 Den Rock rechts auf rechts falten, Gummiband und rückwärtige Mitte in einem Zug mit schmalen Zickzackstichen schließen.

TIPP

Mit 3–4 Stoffbahnen genäht sieht der Rock noch fülliger aus, die oberen Bahnen können auch als Stufen etwas kürzer geschnitten werden. Besonders weit steht der Rock ab, wenn er aus Faschingstüll genäht wird.

KÖNIGLICH

Royale Eleganz und herrschaftliches Auftreten

Wenn ich König wäre ...
Mit diesem feinen Kostüm kein Problem! Und dann kannst du endlich bestimmen: Ferien das ganze Jahr, Spielzeit ohne Ende und dreimal täglich Eis für alle!

Die Krone als unverzichtbares Symbol der Macht und Würde eines Königs steht an erster Stelle – und passt ebenso gut einer mächtigen Königin! Einfach mit den Kleidungselementen des Prinzessinnen-Kostüms kombinieren, schon hast du als prächtig-majestätische Königin das Sagen.

Herrschaftliche Krone
Anleitung auf Seite 34–35

Sehr seriöser Schnauzbart
Anleitung auf Seite 58–59

Prachtvoller Umhang mit Fake-Fur-Kragen
Anleitung auf Seite 24–25

Königlicher Hosenhalter: Gürtel mit Klett
Anleitung auf Seite 60–61

Majestätische Hose mit schickem Streifen
Anleitung auf Seite 84–87

Kronen

Das krönende Accessoire für alle blaublütigen Prinzessinnen und Prinzen, König:innen und Co. – aber auch die ein oder andere Meerjungfrau oder Fee freut sich darüber. Und das nächste Geburtstagskind!

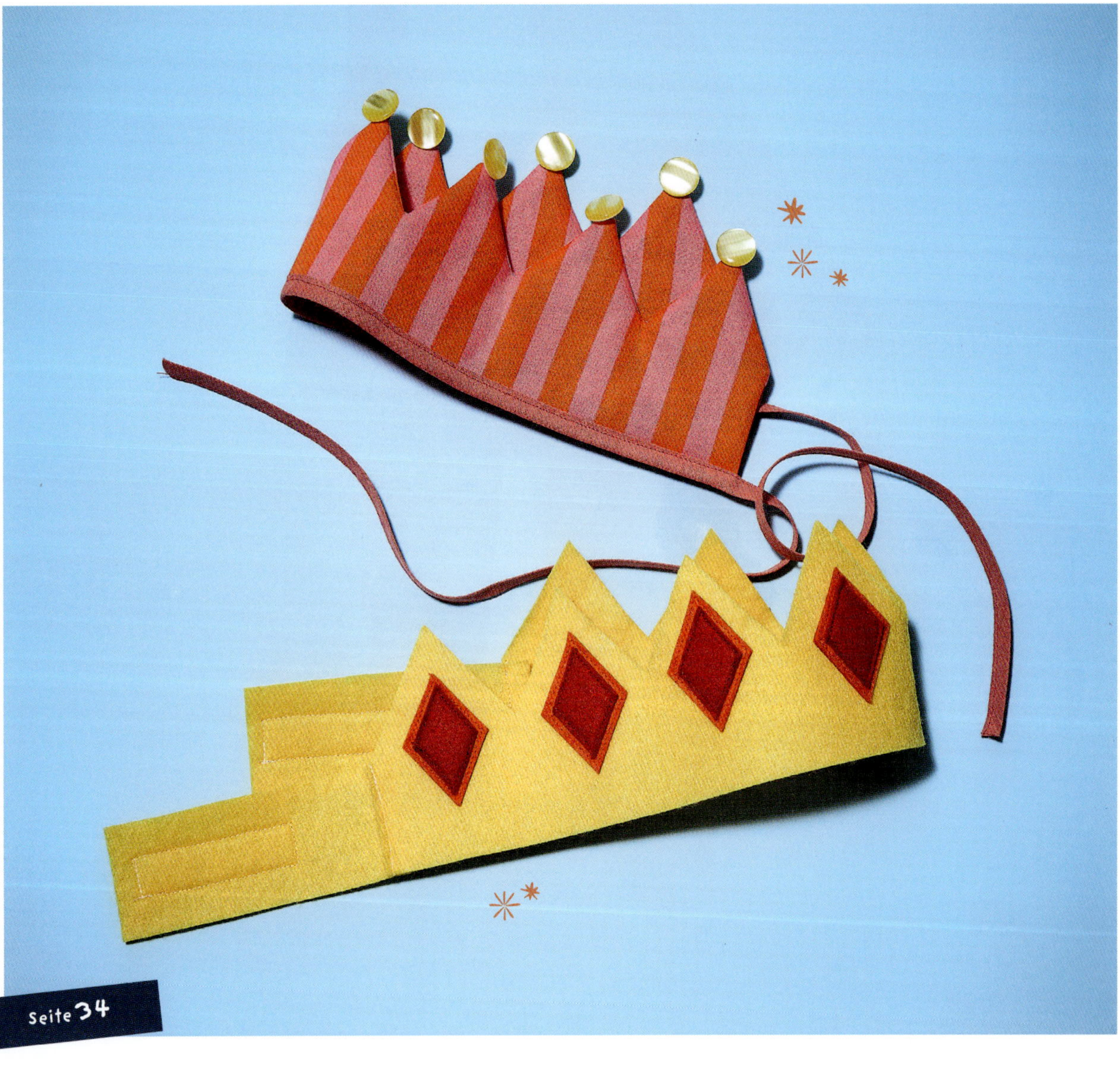

GRÖSSE

42 cm x 9 cm

MATERIAL

Prinzessin

Stoff 1: Baumwollstoff oder Jersey in Violett-Pink gestreift, 110 cm x 15 cm

Volumenvlies zum Aufbügeln, 5 mm stark, 45 cm x 15 cm

vorgefalztes Schrägband in Pink, 1 cm fertige Breite, 120 cm lang

7 Knöpfe in Gelb, ø 10 mm

farblich passendes Nähgarn

König:in

Filz in Gelb, 2 mm stark, 60 cm x 15 cm oder 1x DIN A2

Filz in Orange, 1 mm stark, 20 cm x 12 cm

Filz in Rot, 1 mm stark, 18 cm x 10 cm

Klettband, 2 cm breit, 10 cm lang

farblich passendes Nähgarn

VORLAGEN auf Seite 103

ZUSCHNITT

Prinzessin

Teile an der unteren Kante ohne Nahtzugabe, an allen anderen Kanten 1 cm hinzugeben.

Stoff 1: 2x Krone im Stoffbruch

Volumenvlies: 1x Krone im Stoffbruch

König:in

Teile ohne Nahtzugabe schneiden.

Filz in Gelb: 1x Krone im Stoffbruch

2x Verschluss-Streifen 14 cm x 5 cm

Filz in Orange: 7x große Raute

Filz in Rot: 7x kleine Raute

NÄHEN

Prinzessin

1 Das Volumenvlies auf die linke Seite eines Kronenteiles bügeln.

2 Die Kronenteile rechts auf rechts stecken und an den Spitzen sowie den seitlichen Kanten zusammennähen. Die Nahtzugaben an Spitzen und Ecken schmal abschneiden, an den Vertiefungen bis kurz vor die Naht einschneiden.

3 Krone wenden und sauber ausformen.

4 Die untere Kante mit dem Schrägband einfassen, dabei mit dem Anstecken des Schrägbandes in der Mitte der Kante beginnen, sodass an beiden Seiten gleichlange Bindebänder überstehen.

5 Schrägband an der Krone festnähen und fortlaufend die Stücke für die Bindebänder zusammensteppen – die Bandenden zuvor 1 cm breit nach links einschlagen.

6 Knöpfe an die Spitzen nähen.

König:in

1 Die Verschluss-Streifen mit den kurzen Kanten je 1 cm breit mittig unter die geraden Seitenstücke der Krone schieben und festnähen.

2 Die Klettstreifen auf die Enden der Verschluss-Streifen nähen, einmal von der Ober- und einmal von der Unterseite aus.

3 Zuerst die großen Rauten unterhalb der Spitzen platzieren und knappkantig festnähen, anschließend die kleinen Rauten mittig auf die großen Rauten stecken und ebenfalls knappkantig festnähen.

TIPP

Für andere Kostüme kann die Krone auch mit Pompons, Filzmotiven, Röschen, Blümchen oder Zierbändern verziert werden.

TRAUMHAFT MAGISCH!

Regenbogen-Glitzer und Zauberwald-Feeling

Und das ganz easy! Das Einhornkostüm ist (fast) schneller gestaltet, als man „Zuckerwatte" sagen kann, denn es braucht nicht viel, um aus einem ganz normalen Kind ein zauberhaftes Fabelwesen zu machen. Mit ein paar Handgriffen liegt hier ganz schnell richtig viel Magie in der Luft.

Das Kostüm funktioniert super ohne Schminke – wer mag, kann sich aber natürlich noch mit Glitzerfarben und Pastell-Make up austoben.

Ganz easy lässt sich das Kostüm auch zum Pferd abwandeln – einfach die Farben entsprechend wählen und das Horn weglassen. Schon startet das Springturnier.

Namensgebendes Horn mit zauberhaftem Beiwerk

Anleitung auf Seite 40–41

Shirt mit effektvollen Applikationen

Anleitung auf Seite 46–47

Magischer Zauberstab für Glitzerstaubwolken

Anleitung auf Seite 42–43

Fix geknoteter Einhornschweif

Anleitung auf Seite 38–39

Tüll-Schweif

So schnell in die Fantasiewelt gezaubert – 5 Minuten knoten, schon geht's los!

GRÖSSE

One size

MATERIAL

Einhorn

Tüll in 5–7 Farben,
je 140 cm x 15 cm

Gummiband, 2 cm breit, Länge entsprechend dem Bauchumfang

farblich passendes Nähgarn

NÄHEN

1 Gummiband zum Ring nähen oder knoten.

2 Jeden Tüllstreifen längs, mittig falten und an der Bruchschlaufe mit einem einfachen Knüpfknoten am Gummiband befestigen. Die Streifen dicht aneinanderschieben, evtl. stufig zuschneiden.

TIPP

Einfarbig auch als Schweif für ein Pferd geeignet.

TIPP

In dieser Weise kann auch gleich ein ganzer Rock geknüpft werden.

Haarreif mit Ohren & Horn

Wunderbarer Kopfschmuck für Einhörner. Ganz einfach abzuwandeln als Pferde- oder Pegasus-Ohren.

GRÖSSE

One size

MATERIAL

Einhorn

1 Haarreif

Satin in Gelb, 18 cm x 15 cm

Stickgarn in Gelb

Füllwatte für das Horn

Filz in Creme, 1 mm stark, 30 cm x 8 cm

Filz in Rosa, 1 mm stark, 16 cm x 8 cm

Filzreste in verschiedenen Farben, 1 mm stark, je Blüte 4 cm x 4 cm

Tüll in Pink, 10 cm breit, 60 cm lang

farblich passendes Nähgarn

Heißkleber

Bastelkleber für Filz

VORLAGEN auf Seite 104

ZUSCHNITT

Horn mit 1 cm Nahtzugabe zuschneiden, Filzteile ohne Nahtzugaben.

Satin: 1x Horn

Filz in Weiß: 4x Außenohr

Filz in Rosa: 2x Innenohr

Filzreste: 9x Blume

NÄHEN

1 In jede Blumenmitte ein kleines Kreuz sticken, die Fäden auf der Rückseite fest anziehen, sodass sich die Blüte ein wenig wölbt.

2 Die Innenohren auf je ein Außenohr kleben, dann diese Teile auf je ein weiteres Außenohr kleben.

3 Das Horn mittig rechts auf rechts falten und an der rückwärtigen Mitte zusammennähen. Nahtzugaben an der Spitze kappen, das Horn wenden.

4 Ein langes Stück Sticktwist einfädeln und von innen durch die Spitze des Horns fädeln.

5 Das Horn mit Watte füllen. An der unteren Kante innerhalb der Nahtzugabe mit Vorstichen einen Kräuselfaden einnähen, zusammenziehen – die Nahtzugabe dabei nach innen schieben – und vernähen.

6 Den Sticktwist spiralförmig um das Horn schlingen, dabei jeweils an der rückwärtigen Horn-Naht mit Rückstichen fixieren.

7 Horn mit Heißkleber mittig auf dem Haarreif befestigen, die Ohren links und rechts daneben um den Reif falten und festkleben. Die Blumen vorne vor Ohren und Horn aufkleben.

8 Tüll an einer Längskante auf die Breite von Ohren plus Horn kräuseln und an die Rückseite kleben.

TIPP

Du kannst auch nur ein Horn arbeiten und es auf einer zum Ring genähten Gummilitze befestigen.

Zauberstab

Jede Menge Magie für Zauberer, Hexe, Einhorn, Prinzessin, Fee ...

Seite 42

GRÖSSE

Stern 8 cm x 7,5 cm

Tüllblüte ø ca. 8 cm

MATERIAL

Magier:in

Filz in Lila, 2 mm stark, 24 cm x 12 cm

Rundholz, ø 8 mm, 20 cm lang

Acrylfarbe

Pinsel

2 Bänder, 5–10 mm breit, je 60 cm lang

Bastelkleber

farblich passendes Nähgarn

Einhorn

Filz in Rosa, 2 mm stark, 24 cm x 12 cm

1 Trinkhalm, farbig gemustert

3–5 Organza- oder Satinbänder, 5–10 mm breit, je 60 cm lang

1 Knopf, ø 15 mm (siehe Seite 37)

Bastelkleber

farblich passendes Nähgarn

Prinzessin

Soft-Tüll in Pink, 90 cm x 10 cm

farbig passender Sticktwist, 1 m lang

1 Trinkhalm, rosa-weiß

2–3 Organza- oder Zierbänder, 5–10 mm breit, je 60 cm lang

Bastelkleber

VORLAGEN auf Seite 106

ZUSCHNITT

Nahtzugaben werden nicht benötigt.

Magier:in

Filz in Lila: 2x Stern

Einhorn

Filz in Rosa: 2x Stern

NÄHEN

Magier:in

1 Das Rundholz mit der Farbe bemalen, gut trocknen lassen.

2 Die Sterne knappkantig aufeinandernähen, dabei die Öffnung für den Stab auslassen.

3 Die Bänder zu Schlaufen legen. Klebstoff in die Öffnung geben, Stab und Bänder hineindrücken.

Einhorn

1 Den Knopf mittig auf einen Stern nähen.

2 Die Sterne knappkantig aufeinandernähen, dabei die Öffnung für den Stab auslassen.

3 Die Bänder zu Schlaufen legen. Klebstoff in die Öffnung geben, Trinkhalm und Bänder hineindrücken.

Prinzessin

1 Den Tüllstreifen um einen Handballen oder ein 10 cm breites Stück Karton wickeln.

2 Den gewickelten Strang vorsichtig abstreifen, mittig sehr fest mit dem Sticktwist abbinden. Die Fäden verknoten und lang hängen lassen.

3 Die Tüllschlaufen an den Bruchkanten aufschneiden. Die Tüllstücke zur Blüte zupfen, evtl. zurechtschneiden.

4 Die Zierbänder zu Schlaufen legen und in den Bruchkanten mit den Sticktwistfäden an die Tüllblume nähen. Trinkhalm mittig einkleben.

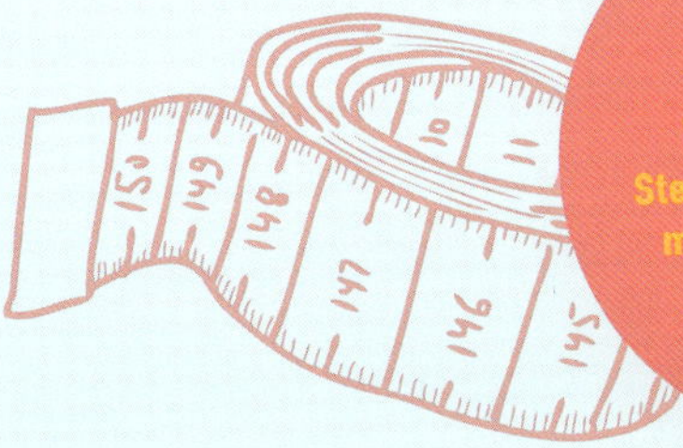

TIPP

Wer mag, kann die Sterne für mehr Volumen mit wenig Watte oder Filzresten füllen.

SUPERKRAFT VORAUS!

Mit Heldenmut ins Abenteuer

Hier kommt die Retterin der Spielplatzwelt! Ihr flatterndes Cape weht supercool im Wind, während der/die Held:in wachsam zwischen Rutsche und Sandkasten patrouilliert.

Mit der Auswahl der Farben lässt sich das Kostüm ganz easy an den Lieblingshelden oder die Lieblingsheldin anpassen: Batmanschwarz oder Blau und Rot für Spiderman? Im Marienkäferlook für Ladybug? Alles kein Problem, sondern nur eine Frage der Stoffauswahl und der Details.

Als individuelle Ergänzung können Shirt und Leggins nach eigenen Wünschen mit Hilfe der Basic-Schnitte auf Seite 90–91 und 88–89 selbst gestaltet werden.

Geheimnisvolle
Maske – wer bin ich?
Anleitung auf Seite 48–49
Wandelbares
Superheldencape
zum Flatternlassen
Anleitung auf Seite 24–25
Heldenhaft
haltender Gürtel
Anleitung auf
Seite 60–61
Special-Effect-Applikation
Anleitung auf Seite 46–47

Filz-Applikationen

Supereinfache Applikationen für supercoole Effekte
zum Beispiel für Superheld:in und Einhorn

GRÖSSE

Blitz 8 cm x 17,5 cm

Stern 8 cm x 7,5 cm

MATERIAL

Superheld:in Blitz

Filz in Gelb, 1 mm stark, 20 cm x 10 cm

Klebevlies für Applikationen (z. B. Vlieseline® Vliesofix), 20 cm x 10 cm

farblich passendes Nähgarn

Einhorn Sterne

Filz in 5–7 Regenbogenfarben, 1 mm stark, 12 cm x 12 cm

Klebevlies für Applikationen (z. B. Vlieseline® Vliesofix), 60–90 cm x 12 cm

farblich passendes Nähgarn

VORLAGEN auf Seite 105

NÄHEN

1 Die gewünschten Teile mithilfe des Klebevlieses zur Applikation vorbereiten und laut Foto oder nach Belieben aufbügeln.

2 Filzteile knappkantig festnähen.

TIPP

Ein Outfit lässt sich mit einer Applikation auch gut personalisieren. Dafür den Anfangsbuchstaben des Namens (spiegelverkehrt!) auf das Trägerpapier zeichnen, aufbügeln, Applikation ausschneiden und aufnähen.

TIPP

Als Grundlage für die Applikationen eignet sich das Basic-Shirt (Anleitung auf Seite 90–91) oder für ein noch schnelleres Ergebnis auch ein schlichtes gekauftes T-Shirt.

Masken

Für coole Superheld:innen und starke Drachen

MATERIAL

Superheld:in

Filz in Orange für Brille, 2 mm stark, 20 cm x 10 cm

Filz in Gelb für Deko, 1–2 mm stark, 15 cm x 5 cm

Bastelkleber für Filz, z. B. UHU Alleskleber

Gummiband, 5 mm breit, 50 cm lang

farblich passendes Nähgarn

Drache

Filz in Hellgrün für Maske, 2 mm stark, 20 cm x 10 cm

Filz in Blau für Flügel, 1–2 mm stark, 20 cm x 8 cm

Filz in Dunkelgrün für Hörner und Flügel, 1–2 mm stark, 30 cm x 6 cm

Filz in Rot für Augenbrauen, 1–2 mm stark, 16 cm x 4 cm

Bastelkleber für Filz, z. B. UHU Alleskleber

Gummiband, 5 mm breit, 50 cm lang

VORLAGEN auf Seite 105–106

ZUSCHNITT

Nahtzugaben werden nicht benötigt.

Superheld:in

Filz in Orange: 1x Brille

Filz in Gelb: 2x Kreis

2x Stern

Drache

Filz in Hellgrün: 1x Maske

Filz in Blau: 2x Flügel

Filz in Dunkelgrün: 2x jedes Horn

4x Flügelbesatz

Filz in Rot: 2x Augenbraue

NÄHEN

Superheld:in

1 Ein Gummibandende entsprechend der Markierung im Schnittmuster von links unter die Brille nähen.

2 Brille anprobieren, Gummiband falls benötigt kürzen, dann das zweite Ende festnähen.

3 Die Sterne und Kreise von rechts auf die Brille kleben, dabei mit den Punkten die Gummibandnähte abdecken.

Drache

1 Die Besätze auf die Flügel nähen.

2 Flügel und Hörner unter die Brille schieben und, von der rechten Brillenseite aus, knappkantig festnähen.

3 Ein Gummibandende entsprechend der Markierung im Schnittmuster von links unter die Brille nähen.

4 Brille anprobieren, Gummiband falls benötigt kürzen, dann das zweite Ende festnähen.

5 Augenbrauen über den Augenausschnitten auflegen und mit einer Naht knappkantig entlang des unteren Brauenbogens festnähen.

HARRRRRRRR!

Segel setzen, Kurs auf Piratenabenteuer und Schatzinsel!

Ahoi, ihr Landratten! Willkommen in der Welt der Piraten, wo jedes Kind zum/zur furchtlosen Seeräuber:in werden kann. Mutig und abenteuerlustig stürzen wir uns in die nächste Karnevalsparty oder entern das Klettergerüst.

Das Kostüm lässt sich auch hervorragend mit einem beeindruckenden Bart kombinieren – zum Beispiel selbstgenäht mit der Anleitung auf Seite 58–59, oder schnell geschminkt.

Ohne Ende Platz für Kreativität: Dieses Kostüm bietet einen herrlichen Bastel-Anlass! Gestaltet gemeinsam Flaschenpost und Schatzkarte für die dringend anstehende Schatzsuche, oder tobt euch beim Gestalten des Schatzes kreativ aus.

Bloß keinen
Sonnenstich riskieren!
Kappe zum Knoten
Anleitung auf Seite 80–81

Extrem eindrucksvolle
Augenklappe
Anleitung auf Seite 52–53

Standesgemäße
Strandräuberweste
*Anleitung auf
Seite 54–55*

TIPP

In Braun genäht und mit aufgesetzten Stoffresten als Flicken ein super Räuberkostüm, ergänzt mit Vollbart von Seite 58–59. Auch die Augenklappe passt!

Lässig gebundener
Gürtel
*Anleitung auf
Seite 52–53*

Fransige Halunkenhose
für abenteuerlichen Look
Anleitung auf Seite 84–87

Augenklappe & Gürtel

Must-haves für waschechte Seeräuber

GRÖSSE

One size

MATERIAL

Augenklappe

Filz in Schwarz, 1–2 mm stark, 15 cm x 10 cm

Filz in Weiß, 1–2 mm stark, 6 cm x 6 cm

Gummiband, 10–15 mm breit, 60 cm lang

farblich passendes Nähgarn

Gürtel

Jersey in Rot-Weiß gestreift, 140 cm x 20 cm

VORLAGEN auf Seite 103

ZUSCHNITT

Nahtzugaben werden nicht benötigt.

Augenklappe

Filz in Schwarz: 2x Augenschale

Filz in Weiß: 2x Knochen

Gürtel

Jersey: 1x 140 cm x 20 cm

NÄHEN

Augenklappe

1 Die Knochen, einander diagonal kreuzend, auf eine Augenschale stecken und je längs mit einer Naht mittig festnähen.

2 Die Augenschalen links auf links aufeinanderstecken, die Gummibandenden zwischen die Lagen schieben und ebenfalls feststecken. Augenklappe anprobieren und das Gummiband ggf. kürzen.

3 Die Augenschalen rundum knappkantig zusammennähen, dabei das Gummiband mitfassen.

Gürtel

1 Da Jersey nicht ausfranst, können die Schnittkanten offen bleiben und dürfen sich auch einrollen. Den Gürtelstreifen einmal um die Hüfte schlingen, die Ende lose hängen lassen.

TIPP

Auch in Farbe sieht die Augenklappe toll aus!

Weste

Super vielseitiger Schnitt für Pirat, Wikinger, Feuerwehr – easy abwandelbar als Polizeiweste, für Vogelscheuche und viele, viele mehr

TIPP

Die Weste eignet auch sehr gut für ein Alltags-Outfit.

GRÖSSE

104–110/116–122/128–134/
140–146

MATERIAL

Pirat

Stoff 1: Faschingssatin in Schwarz für außen, 140 cm x 45 cm/50 cm/55 cm/60 cm

Stoff 2: Baumwollstoff in Rot für innen, 140 cm x 45 cm/50 cm/55 cm/60 cm

Litze in Rot, 8–10 mm breit, 100 cm lang

4 Knöpfe, goldfarben, ø 15–20 mm

farblich passendes Nähgarn

Wikinger

Stoff 1: Plüschstoff in Beige für außen, 140 cm x 45 cm/50 cm/55 cm/60 cm

Stoff 2: Baumwollstoff in Beige für innen, 140 cm x 45 cm/50 cm/55 cm/60 cm

Kordel, ø 5–7 mm, 60 cm lang

farblich passendes Nähgarn

Feuerwehr

Stoff 1: Baumwollstoff in Rot für außen, 140 cm x 45 cm/50 cm/55 cm/60 cm

Stoff 2: Futtertaft in Rot für innen, 140 cm x 45 cm/50 cm/55 cm/60 cm

reflektierendes Band, silberfarben, 2 cm breit, 220 cm lang

Filz in Weiß, 1–2 mm stark, 10 cm x 10 cm

Filz in Rot, 1–2 mm stark, 6 cm x 8 cm

Klebevlies für Applikationen (z. B. Vlieseline® Vliesofix), 20 cm x 12 cm

farblich passendes Nähgarn

VORLAGENBOGEN 1A und auf Seite 104

ZUSCHNITT

Schnittteile sind inkl. 1 cm Nahtzugabe. Applikationen ohne Nahtzugaben schneiden.

Für alle Modelle

Stoff 1: 1x Rückteil im Stoffbruch

1x Vorderteil bei doppelter Stofflage

Stoff 2: 1x Rückteil im Stoffbruch

1x Vorderteil bei doppelter Stofflage (für die Piratenweste jeweils nur bis zur Markierung im Schnittmuster)

Zusätzlich für Feuerwehr

Filz in Weiß: 1x Kreis-Applikation

Filz in Rot: 1x Flamme-Applikation

NÄHEN

1 Außenweste: Die Vorderteile aus Stoff 1 rechts auf rechts auf das Rückteil aus Stoff 1 legen und die Seitennähte schließen.

2 NUR Piratenweste: Vier Stücke Litze (à 25 cm) zu Schlaufen legen und auf jedem Vorderteil zwei, wie auf dem Foto zu sehen, aufstecken und festnähen.
NUR Feuerwehrweste: Die reflektierenden Bänder laut Abbildung auf Vorder- und Rückteil nähen.

3 Futterweste: Die Vorderteile aus Stoff 2 rechts auf rechts auf das Rückteil aus Stoff 2 legen und die Seitennähte schließen.
NUR Piratenweste: Die untere Kante versäubern.

4 Außenweste rechts auf rechts auf die Futterweste stecken.
NUR Wikingerweste: Die Kordel halbieren und die Stücke gemäß den Markierungen im Schnittmuster an den vorderen Kanten zwischen die Stofflagen stecken. Außen- und Innenweste – bis auf die Schulterkanten – rundum verstürzen, bei den Schulterkanten nicht in die Nahtzugaben hineinnähen.

5 Die Nahtzugaben an den Rundungen einknipsen, Weste wenden und bügeln.

6 Die Schulterkanten der Außenweste rechts auf rechts zusammennähen, dann die Schulterkanten der Futterweste bei eingeschlagener Nahtzugabe von Hand mit Matratzenstichen schließen.

7 NUR Piratenweste: Die Knöpfe aufnähen. Die untere Westenkante zackenförmig schneiden.
NUR Wikingerweste: An den Kordelenden einen Knoten legen.
NUR Feuerwehrweste: Die Applikationen Kreis und Flamme vorbereiten und auf eine Vorderseite nähen.

WIKINGERZEIT

Starke Nordmänner (und Frauen!) mit großem Heldenmut

Oder gewitztes Wikingerkind mit messerscharfen Ideen und lustiger Stupsnase? Mit diesen Verkleidungsideen lässt sich easy die ganze Wikingerfamilie ausstatten.

Soll das Thema lieber die Steinzeit sein? Kein Problem, die Fellkleidung und die Naturtöne lassen auch schnell Höhlenstimmung und Lust auf Jagen und Sammeln aufkommen. Eine Fellweste und eine Portion Kinderfantasie – so schnell geht eine Zeitreise in vergangene Epochen.

Übrigens: Kein Druck! Natürlich lassen sich selbstgenähte Kostüme auch toll mit gekauften Elementen kombinieren – ein Wikingerhelm aus dem Spielzeugladen oder Faschingsshop passt zum Beispiel super.

Beeindruckender Vollbart für echte Häuptlinge
Anleitung auf Seite 58–59

Plus Haarband,
siehe Seite 74–75

Fellweste mit Bindebändern
Anleitung auf Seite 54–55

Gürtel: hebt den Gesamteindruck
Anleitung auf Seite 60–61

Simple Hose für starke Beine
Anleitung auf Seite 84–87

Bärte

Cool und gefährlich und irgendwie so erwachsen: Falsche Gesichtsbehaarung für Pirat, Wikinger, Räuber und Co.

GRÖSSE

One size

MATERIAL

Vollbart

Filz in Braun, 1–2 mm stark, 35 cm x 25 cm

Gummiband in Schwarz, 1 cm breit, 50 cm

farblich passendes Nähgarn

Schnurrbart

Jersey in Schwarz-Weiß gemustert, 30 cm x 6 cm

Gummikordel in Schwarz, ø 2–3 mm, 60 cm lang

etwas Füllwatte

farblich passendes Nähgarn

VORLAGENBOGEN 1A

ZUSCHNITT

Filzteile ohne Nahtzugabe, Stoffteile mit 1 cm Nahtzugabe zuschneiden.

Vollbart

Filz: 1x unterer Kinnbart

1x oberer Kinnbart

2x Schnurrbart

Schnurrbart

Jersey: 1x Schnurrbart bei doppelter Stofflage

NÄHEN

Vollbart

1 Den oberen auf den unteren Kinnbart legen, mit den Mundrändern bündig, und diese knappkantig zusammensteppen. Die beiden Schnurrbartteile darunter und darüber stecken, sodass sie die Mundwinkel der Kinnbartteile etwas überlappen. Schnurrbartteile knappkantig zusammennähen, dabei die Kinnbartteile mitfassen.

2 Gummiband unter eine Seite schieben, festnähen. Bart anprobieren, Gummiband ggf. auf die passende Länge kürzen und das zweite Ende ebenfalls festnähen.

Schnurrbart

1 Die Schnurrbartteile rechts auf rechts legen und – bis auf die Wendeöffnung – rundum zusammennähen. Die Nahtzugaben an den Spitzen schmal abschneiden, an den Rundungen einknipsen.

2 Schnurrbart wenden, locker mit Watte stopfen und die Wendeöffnung schließen.

3 Gummiband in passender Länge zum Ring knoten und auf der Rückseite des Schnurrbartes von Hand befestigen.

TIPP

Auch für einen Räuber geeignet.

Gürtel

Ein Gürtel pimpt jedes Outfit und lässt sich ganz leicht passend zum Kostüm variieren.

GRÖSSE

Individuell

MATERIAL

Für alle Modelle

Klettband, 2 cm breit, 8 cm lang

farblich passendes Nähgarn

Feuerwehr

Filz in Schwarz für Gürtel, 2 mm stark, 100 cm x 14 cm

Filz in Grau für Zier-Gürtel, 1–2 mm stark, 100 cm x 12 cm

Filz in Weiß für Deko, 1–2 mm stark, 10 cm x 10 cm

Filz in Rot für Deko, 1–2 mm stark, 6 cm x 8 cm

Wikinger

Filz in Braun für Gürtel, 2 mm stark, 100 cm x 15 cm

Filz in Grau für Deko, 1–2 mm stark, 30 cm x 15 cm

Superheld:in

Filz in Gelb für Gürtel, 2 mm stark, 100 cm x 12 cm

Filz in Türkis, Orange und Gelb für Deko, 1–2 mm stark, je 6 cm x 10 cm

Textilkleber

König:in

Filz in Schwarz für Gürtel, 2 mm stark, 100 cm x 12 cm

Filz in Grau für Deko, 1–2 mm stark, 6 cm x 10 cm

Filz in Schwarz für Deko, 1–2 mm stark, 5 cm x 8 cm

Filz in Orange für Deko, 1–2 mm stark, 5 cm x 7 cm

Filz in Rot für Deko, 1–2 mm stark, 4 cm x 6 cm

VORLAGENBOGEN 1A

ZUSCHNITT

Nahtzugaben werden nicht benötigt.

Feuerwehr

Filz in Schwarz: 1x Gürtel, verlängern auf individuellen Hüftumfang + 10 cm

Filz in Grau: 1x Ziergürtel, passend verlängern

Filz in Weiß: 1x Kreis

Filz in Rot: 1x Flamme

Wikinger

Filz in Braun: 1x Gürtel, verlängern auf individuellen Hüftumfang + 10 cm

Filz in Grau: 1x großer Kreis

9x kleiner Kreis

Superheld:in

Filz in Gelb: 1x Gürtel, verlängern auf individuellen Hüftumfang + 10 cm

Filz in Türkis: 1x Rechteck a

Filz in Orange: 1x Rechteck b

Filz in Gelb: 1x Blitz

König:in

Filz in Schwarz: 1x Gürtel, verlängern auf individuellen Hüftumfang + 10 cm

Filz in Grau: 1x Rechteck a

Filz in Schwarz, dünn: 1x Rechteck b

Filz in Orange: 1x große Raute

Filz in Rot: 1x kleine Raute

TIPP

Zusammengelegt sollten die Filzlagen nicht zu hoch werden, daher für die Dekoteile auch gerne 1 mm starken Filz verwenden.

NÄHEN

Für alle Gürtel

1 Zu Beginn das Klett-Flauschband an der „Gürtelschnalle" auf die Unterseite des Gürtels stecken und rundum festnähen.

2+3 Siehe unten beim speziellen Modell.

4 Das Klett-Hakenband halbieren (2x 4 cm) und die Stücke mit etwas Abstand zueinander, passend zum Klett-Flauschband am Gürtelende auf die Oberseite nähen.

Feuerwehr

2 Den schmaleren grauen Gürtel mittig auf den schwarzen Gürtel legen und knappkantig festnähen.

3 Die Flamme rundum knappkantig auf den weißen Kreis nähen, diesen dann an der „Schnalle" mittig auf den Gürtel legen und ebenso festnähen.

Superheld:in

2 Das türkisfarbene Rechteck an der „Gürtelschnalle" mittig auf den Gürtel legen und knappkantig festnähen, dann ebenso das orangefarbene Rechteck obenauf nähen.

3 Den Blitz mit Textilkleber auf das orangefarbene Rechteck kleben.

Wikinger

2 Den großen Filzkreis an der „Schnalle" auf den Gürtel stecken, und knappkantig festnähen. Anschließend, jeweils füßchenbreit nach innen versetzt, noch zwei Kreise steppen.

3 Die kleinen Kreise gleichmäßig verteilt auf den Gürtel stecken und jeweils mit zwei diagonalen Nähten durch die Kreismitte festnähen.

König:in

2 Die große Raute knappkantig mittig auf das schwarze Rechteck nähen, darauf die kleine Raute nähen.

3 Das schwarze Rechteck knappkantig auf das graue Rechteck und dieses dann knappkantig auf die „Gürtelschnalle" nähen.

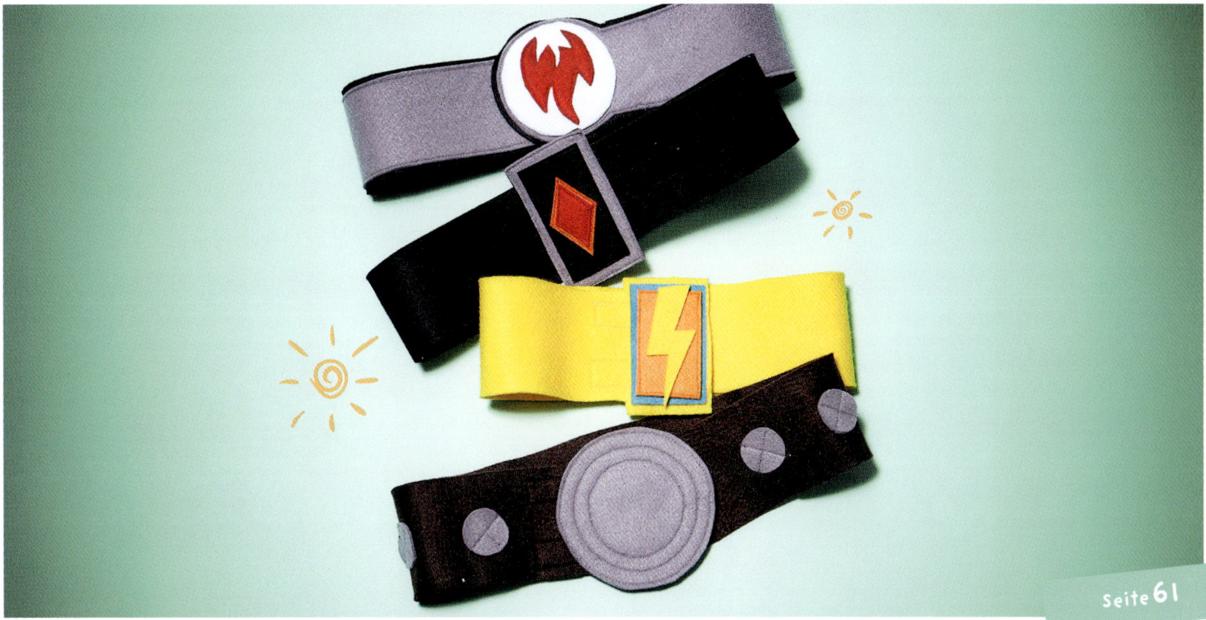

SÜSSES LANGOHR

Häschen hüpf!

Besonders die ganz Kleinen lieben es, sich als flauschiges Lieblingstier zu verkleiden. Und gerade für sie gilt: Je einfacher das Kostüm, desto besser! Denn wer so damit beschäftigt ist, die Welt zu entdecken, hat meistens wenig Geduld für aufwändige Kostümierung.

Also, ratz-fatz das Shirt mit Flausch übergezogen, in die Puschelschwänzchen-Hose geschlüpft und flink losgehoppelt. Halt kleiner Hase! Du hast das Wichtigste vergessen: hier noch deine oberniedlichen Kuschelohren!

Doch lieber ein Bärchen oder ein kleiner Hund? Kein Problem, die passenden Ohren sind schnell genäht, und die Stoffauswahl bei Plüschstoffen lässt viel Raum für Kreativität bei der Kostümeplanung.

Sooooo süße
Hasenohren
Anleitung auf Seite 66–67

Vielseitiges Basic-Shirt
Anleitung auf Seite 90–91

Kuschelfaktor:
Applikation aus Plüsch
Anleitung auf Seite 64–65

Nichts geht ohne
Basic-Leggins
Anleitung auf Seite 88–89

TIPP

Auch als Pferdchen mit Haarreif ohne Horn und Tüllschweif in passender Farbe wunderbar geeignet!

Applikationen aus Plüsch

Hier für das kuschelige Häschen, aber unendlich wandelbar für fast alle Tierarten

GRÖSSE

One size

MATERIAL

Plüsch in Natur, 30 cm x 25 cm

Klebevlies für Applikationen (z. B. Vlieseline® Vliesofix), 30 cm x 25 cm

farblich passendes Nähgarn

VORLAGEN auf Seite 107

ZUSCHNITT

Nahtzugaben werden nicht benötigt.

Plüsch:

1x Schwanz-Applikation

1x Bauch-Applikation

NÄHEN

1 Die Teile mithilfe des Klebevlieses zur Applikation vorbereiten und laut Foto vorne und hinten auf das Shirt bügeln.

2 Teile mit breiten Zickzackstichen festnähen, die Fellfransen dabei nach innen streichen.

Seite 65

Ohren

Süße Lauscher für Hase, Hund, Bär …

GRÖSSE

Ohr Hase
9 cm x 21 cm

Ohr Hund
10,5 cm x 14,5 cm

Ohr Bär
9 cm x 6,5 cm

Umfang 60 cm

MATERIAL

Hase

Stoff 1: Plüsch in Beige für außen, 120 cm x 30 cm

Stoff 2: Baumwollstoff oder Jersey in Rosa für innen, 30 cm x 25 cm

Gummiband, 2 cm breit, 60 cm lang

farblich passendes Nähgarn

Hund

Stoff 1: Plüsch in Dalmatiner-Optik für außen, 120 cm x 20 cm

Stoff 2: Baumwollstoff oder Jersey in Rosa für innen, 30 cm x 20 cm

Gummiband, 2 cm breit, 60 cm lang

farblich passendes Nähgarn

Bär

Stoff 1: Plüsch in Hellbraun für außen, 120 cm x 15 cm

Stoff 2: Nicky in Dunkelbraun für innen, 30 cm x 15 cm

Gummiband, 2 cm breit, 60 cm lang

farblich passendes Nähgarn

VORLAGENBOGEN 1A

ZUSCHNITT

Schnittteile mit 1 cm Nahtzugabe zuschneiden. Maße sind inkl. 1 cm Nahtzugabe.

Für alle Modelle

Stoff 1: 2x Ohr

1 Streifen von 70 cm x 7 cm

Stoff 2: 2x Ohr

NÄHEN

1 Je ein Innen- und ein Außenohr rechts auf rechts legen und – bis auf die Wendeöffnung – zusammennähen. Nahtzugaben an den Spitzen schmal zurückschneiden, an den Rundungen einknipsen. Ohren wenden und (vorsichtig bei Plüsch) bügeln. Die offenen Kanten der Wendeöffnung zusammengefasst versäubern.

2 Für das Stirnband den Streifen längs rechts auf rechts falten und an der Längskante füßchenbreit zusammennähen. Den Tunnel mithilfe einer Sicherheitsnadel wenden.

3 Das Gummiband mithilfe einer Sicherheitsnadel einziehen, zu einem Ring legen und 1 cm breit überlappend zusammennähen.

4 Die offenen Kanten des Stirnbandes übereinander schieben und mit breiten Zickzackstichen zusammennähen, dabei werden sie gleichzeitig versäubert.

5 Bei Hase und Hund an den Ohren je eine seitliche Kante 1 cm breit zum Innenohr hin einschlagen und in den Nahtzugaben der unteren Kante fixieren. Dann die Ohren, seitlich am Stirnband, 2 cm breit über das Band falten – die Innenohren zeigen dabei zum Kopf – und mit Handstichen festnähen.

Bei Bärenohren die untere Kante in Falten legen und fixieren. Dann die Ohren wenig neben der vorderen Mitte und hochstehend auf der Innenseite des Stirnbandes annähen.

UNTER DEM MEER

Nixenzauber und Meerjungfrauenmagie

Zuhause in den schillernden Tiefen des Ozeans, spielen mit den Sonnenstrahlen im Wasser, sanftes Wellenrauschen im Ohr? Alles kein Problem! Man nehme eine Prise Kinderfantasie, einige funkelnde Fischschuppen und dieses hübsche selbstgenähte Kostüm – und schon kann das Unterwasser-Abenteuer beginnen.

Auch bei diesem Kostüm macht die Stoffwahl einen ganz großen Unterschied: Hier in sonnigen Gelbtönen mit Seestern-Accessoires. Aber genauso toll wirkt das Kostüm in den Farben des Ozeans mit Türkis- und Petrol-Tönen – oder natürlich in den liebsten Meerjungfrauen-Farben der Trägerin!

Haarband mit bezaubernden Funkelsternen
Anleitung auf Seite 74–75 oder, noch passender, Haarband mit Seesternen, Anleitung auf Seite 74–75

Seestern zum Annähen oder zum Spielen
Anleitung auf Seite 70–71

Süßes Oberteil mit Platz für fantasievolle Verzierungen
Anleitung auf Seite 28–29

Must-have Flossen-Rock
Anleitung auf Seite 72–73

Seestern-Aufnäher

Bester Begleiter für die Meerjungfrau und ein wunderschönes Detail für alle Unter-Wasser-Kostüme

GRÖSSE

11 cm x 11 cm

MATERIAL

Filz in Hellorange, 1 mm stark, 24 cm x 12 cm

Sticktwist in Orange

Sticknadel

Füllwatte

Holzperle, ø 1 cm

farblich passendes Nähgarn

VORLAGEN auf Seite 103

ZUSCHNITT

Keine Nahtzugaben nötig.

Filz:

1x Seestern bei doppelter Stofflage

NÄHEN

1 Bei einem Seesternteil – entsprechend den gepunkteten Linien der Vorlage – auf den Armen Rückstiche mit Sticktwist sticken. In der Sternmitte die Perle aufnähen.

2 Die zwei Seesterne aufeinanderlegen, rundum mit Überwendlingsstichen zusammennähen, kurz vor Ende etwas Watte hineinfüllen und anschließend ganz schließen.

3 Den Seestern auf die vordere Ausschnittkante des Meerjungfrauenoberteiles stecken, nach oben überstehend, und von der linken Oberteilseite aus mit einigen Handstichen festnähen.

Seite 71

Meerjungfrauen-flosse

Fortbewegungsart der Wahl für Nixen und kleine Fische

GRÖSSE

104–110/116–122//128–134/140–146

MATERIAL

Stoff 1: Jersey in Gelb für den Rock, 75 cm/80 cm//85 cm/90 cm x 40 cm/45 cm//55 cm/60 cm

Stoff 2: Jersey in Orange für die Flosse, 140 cm x 40 cm//50 cm

Stoff 3: Bündchenware in Gelb, 90 cm x 15 cm

Volumenvlies zum Aufbügeln, 5 mm stark, 90 cm x 35 cm

farblich passendes Nähgarn

VORLAGENBOGEN 2B

ZUSCHNITT

Alle Schnittteile mit 1 cm Nahtzugabe zuschneiden.

Stoff 1: 2x Rock im Stoffbruch

Stoff 2: 4x Flosse im Stoffbruch

Stoff 3: 1x Bündchen im Stoffbruch

NÄHEN

1 Die Rockteile rechts auf rechts legen und die Seitennähte schließen.

2 Den Bündchenstreifen an den kurzen Kanten rechts auf rechts legen und zum Ring nähen.

3 Das Bündchen gedehnt an den Rock nähen.

4 Volumenvlies auf die linken Seiten von zwei Flossenteilen bügeln.

5 Die Flossenteile mit Volumenvlies rechts auf rechts legen und die Seitennähte schließen. Ebenso mit den beiden verbliebenen Flossenteilen verfahren.

6 Die Flossen-Ringe rechts auf rechts ineinanderstecken und die unteren Kanten zusammennähen. Nahtzugaben einschneiden, Flossen-Ring auf rechts wenden. Die untere Kante im Nahtbruch ausbügeln. Die oberen Kanten innerhalb der Nahtzugabe rundum zusammenheften.

7 Die Linien für die Flossenstruktur mit Schneiderkreide markieren und mit großen Geradstichen nachnähen.

8 Den Flossen-Ring rechts auf rechts an die untere Rockkante nähen.

Seite 73

Haarbänder

Schönes und wandelbares Detail für ganz viele Kostüme, zum Beispiel Zauberer/Zauberin, Meerjungfrau, Wikinger

GRÖSSE

One size

MATERIAL

Magier:in

Filz in Flieder, 2 mm stark,
20 cm x 10 cm

7 Pompons in Pink, ø 10 mm

Gummiband, 1 cm breit,
70 cm lang

farblich passendes Nähgarn

Meerjungfrau

Filz in Hellorange, 1–2 mm stark,
30 cm x 8 cm

Filz in Hellgelb, 1–2 mm stark,
15 cm x 8 cm

45 Pailletten in Rot, ø 5 mm

Gummikordel, ø 3 mm,
70 cm lang

Füllwatte

farblich passendes Nähgarn

Wikinger

Filz in Braun, 2 mm stark,
50 cm x 4 cm

Filz in Grau, 1–2 mm stark,
8 cm x 5 cm

Gummiband, 1 cm breit, Länge wie Kopfumfang minus 45 cm

farblich passendes Nähgarn

VORLAGEN auf Seite 103

ZUSCHNITT

Die Maße beinhalten 1 cm Nahtzugaben, ansonsten sind keine Nahtzugaben nötig.

Magier:in

Filz: 7x Stern

Meerjungfrau

Filz in Flieder: 2x Seestern
bei doppelter Stofflage

Filz in Hellgelb: 1x Seestern
bei doppelter Stofflage

Wikinger

Filz in Braun: 1x Streifen 45 x 1,5 cm

Filz in Grau: 2x Kreis

NÄHEN

Magier:in

1 Mit Handstichen je einen Pompon mittig auf einen Stern nähen. Einen Stern in der vorderen Mitte des Gummibandes aufnähen, die weiteren Sterne dann zu beiden Seiten dicht nebeneinander anschließen.

2 Das Gummiband zum Ring legen, die Enden 1 cm breit überlappen lassen und mit breiten Zickzackstichen zusammennähen oder verknoten.

Meerjungfrau

1 Pro Seestern für die Oberseite mit Handstichen je drei Pailletten mittig auf die Arme eines Seesternteiles nähen.

2 Immer zwei Seesterne aufeinanderlegen, rundum mit Überwendlingsstichen zusammennähen, kurz vor Ende etwas Watte hineinfüllen und anschließend ganz schließen.

3 Die Sterne von der Rückseite aus dicht nebeneinander mit Handstichen mittig auf die Gummikordel nähen.

4 Die Gummikordel zum Ring legen, die Enden 1 cm breit überlappen lassen und mit breiten Zickzackstichen zusammennähen.

Wikinger

1 Das Gummiband je 1 cm weit überlappend auf die kurzen Kanten des braunen Filzstreifens legen und feststeppen.

2 Die Kreise so auf den Filzstreifen legen, dass sie seitlich am Kopf liegen und jeweils mit zwei diagonalen Nähten durch die Kreismitte festnähen.

TIPP

Auch mit Blüten oder Herzen geschmückt wirkt so ein Haarband schön.

ARZT IM EINSATZ

Unglaublich professionell und wahnsinnig erwachsen

Den Traumberuf schonmal ausprobieren? Los geht's! Ärztin/Arzt und Patient:in, das spielen alle Kinder gerne! Egal, ob die Kuscheltiere oder die kleinen Geschwister verarztet werden müssen, mit diesem Outfit steht der Profi-Look.

Das schlichte Oberteil ist natürlich auch für Pflegepersonal perfekt geeignet, oder kann mit der richtigen Stoffwahl auch als Grundlage vieler anderer toller Kostümideen dienen.

Schnell nochmal ein kleiner Rundgang (Hat sich Teddys Puls beruhigt? Braucht Hasi noch Medizin?), und wenn alle Patient:innen versorgt sind, geht es los zur Fastnachtssause!

Hygienisch einwandfreie Kopfbedeckung
Anleitung auf Seite 80–81

Sehr professionelles Oberteil mit V-Ausschnitt
Anleitung auf Seite 78–79

Total wandelbare Hose nach dem Grundschnitt
Anleitung auf Seite 84–87

Oberteil mit V-Ausschnitt

Bestens geeignet für die Gesundheitsbranche: Ärztinnen und Ärzte, Pfleger:innen

GRÖSSE

104–110/116–122/128–134/
140–146

MATERIAL

Baumwollstoff in Blau,
140 cm x 65 cm/70 cm/75 cm/
80 cm

farblich passendes Nähgarn

VORLAGENBOGEN 2A

ZUSCHNITT

An den unteren Kanten 3 cm Saumzugabe, alle übrigen Kanten mit 1 cm Nahtzugabe schneiden. Das Taschenmaß enthält 3 cm Umschlagzugabe und 1 cm Nahtzugabe.

Baumwollstoff:

1x Vorderteil im Stoffbruch

1x Rückteil im Stoffbruch

1x Beleg-Vorderteil im Stoffbruch

1x Beleg-Rückteil im Stoffbruch

1x Ärmel bei doppelter Stofflage

1x Tasche von 12 cm x 16 cm

NÄHEN

1 Vorder- und Rückteil rechts auf rechts legen, an den Schulterkanten bündig. Die Schulternähte schließen.

2 Das Beleg-Vorderteil rechts auf rechts auf das Beleg-Rückteil legen, die seitlichen Kanten stecken und nähen. Nahtzugaben versäubern.

3 Beleg rechts auf rechts an den Halsausschnitt nähen. Nahtzugaben einschneiden, Beleg wenden und im Nahtbruch bügeln. Beleg von rechts rundum mit 3 cm Abstand zur Kante festnähen.

4 Die Ärmel jeweils mit der Armkugel rechts auf rechts in einen Armausschnitt stecken, dabei trifft die Schultermarkierungen des Ärmels auf die Schulternaht des Oberteils und die Passzeichen von Armkugel und vorderem Armausschnitt aufeinander. Ärmel von der Ärmelseite aus festnähen.

5 Vorder- und Rückteil rechts auf rechts legen und die Ärmel in Längsrichtung rechts auf rechts falten, sodass die Ärmel- sowie die Seitenkanten jeweils aufeinanderliegen. Die Seiten- und Ärmelnähte von der Ärmelkante bis zur unteren Kante des Oberteils mit einer durchgehenden Naht schließen.

6 Säume an den Ärmeln und am Oberteil nach links bügeln, feststecken und festnähen.

7 Die obere Taschenkante 3 cm nach links bügeln, die seitlichen Kanten und die untere Kante 1 cm breit umbügeln. Obere Kante 2 cm breit absteppen. Tasche im Brustbereich auf die Vorderseite des Oberteils stecken und knappkantig festnähen.

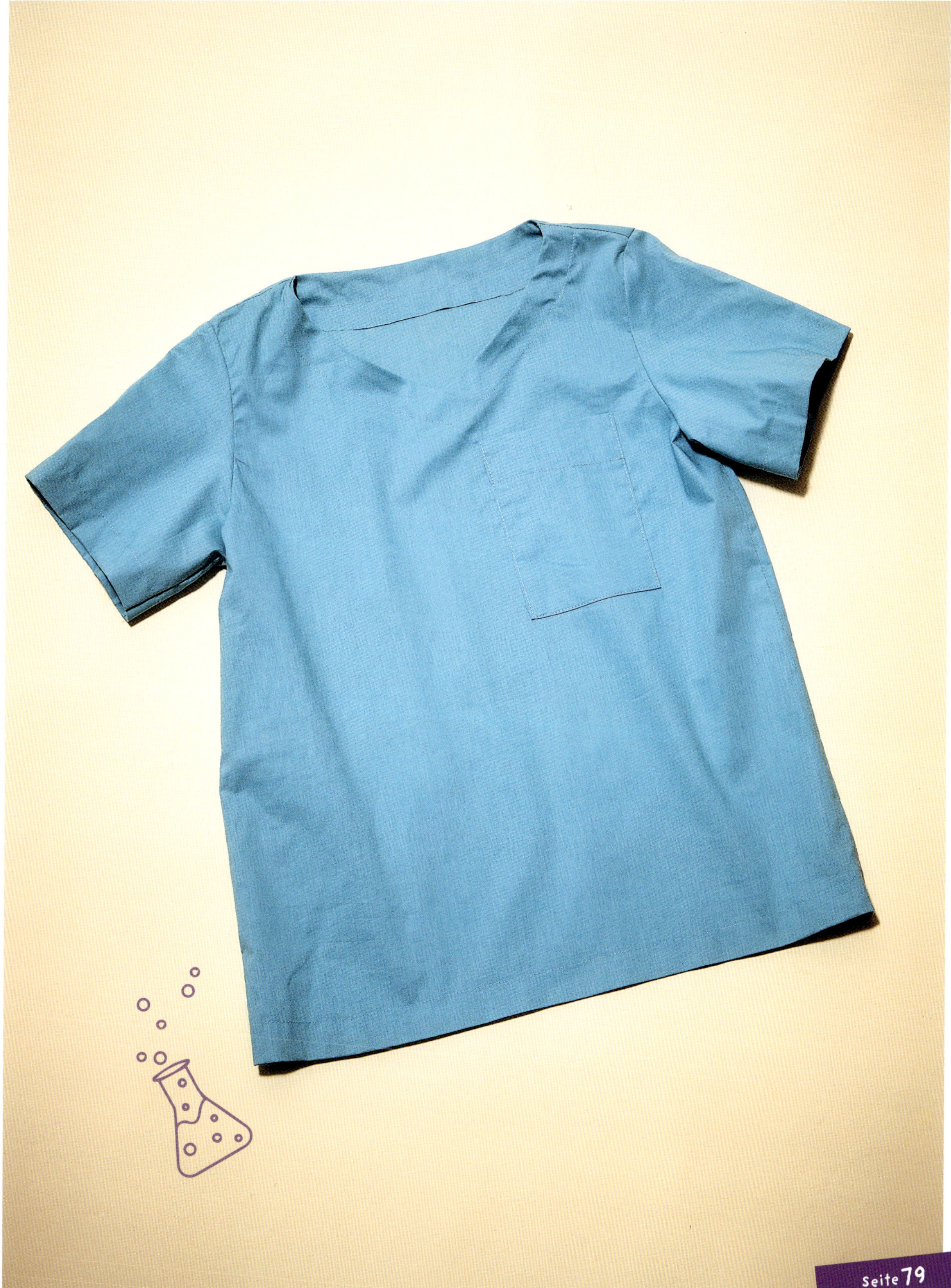

Seite 79

Kappe
zum Binden

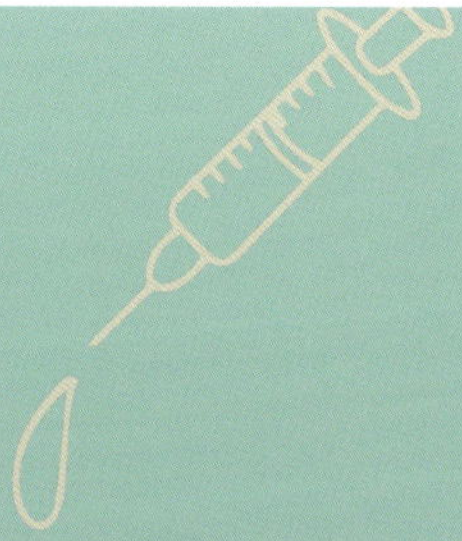

Wandelbares Teil für Ärzt:innen und, was länge näher: Pirat:innen!

GRÖSSE

One size

MATERIAL

Arzt/Ärztin

Baumwollstoff in Blau,
140 cm x 20 cm:

farblich passendes Nähgarn

Pirat:in

Jersey in Rot-Weiß gestreift,
140 cm x 20 cm

farblich passendes Nähgarn

VORLAGENBOGEN 1A

ZUSCHNITT

Schnittteile mit 1 cm Nahtzugaben schneiden, Maße enthalten 1 cm Nahtzugaben. NUR Pirat: Keine Nahtzugabe an den hinteren Kanten.

Arzt/Ärztin

Baumwollstoff: 1x Seitenteil bei doppelter Stofflage

1x Kopfteil im Stoffbruch

1x Einfass-/Bindebandstreifen von 120 cm x 4 cm

Pirat:in

Jersey: 1x Seitenteil bei doppelter Stofflage

1x Kopfteil im Stoffbruch

1x Einfass-/Bindebandstreifen von 120 cm x 6 cm

NÄHEN

1 NUR Arzt /Ärztin: Jeweils am markierten Bereich der hinteren Kanten die Nahtzugabe zweimal 5 mm breit nach links einschlagen und knappkantig absteppen.

NUR Pirat:in: Beim Modell aus Jersey können diese Kanten einfach offen bleiben.

2 Die Abnäher am Kopfteil schließen.

3 Das Kopfteil rechts auf rechts zwischen die Seitenteile nähen.

4 Am Einfass-/Bindebandstreifen die langen Kanten je 1 cm breit nach links umbügeln. Die untere Kappenkante mit dem Schrägband einfassen, dabei mit dem Anstecken des Einfassbandes in der vorderen Mitte der Kante beginnen, sodass hinten gleichlange Bindebänder überstehen.

5 Einfassband an der Kappe festnähen und fortlaufend die Stücke für die Bindebänder zusammensteppen – die Bandenden zuvor 1 cm breit nach links einschlagen.

Seite 81

EINSATZ!

Retten, löschen, bergen, schützen

– die spannenden Aufgaben der Feuerwehr werden im Spiel-Einsatz so gerne geprobt! Mit diesem easy genähten Kostüm schlüpft man ganz schnell in die Rolle der starken und jederzeit einsatzbereiten Feuerwehrleute.

Mit denn coolen Reflektorstreifen und den ganz einfach gemachten Details aus unkompliziertem Filz kommt schnell echtes Feuerwehrfeeling auf – ganz ohne echte Gefahr.

Wer mag, kombiniert dazu einen Spielzeughelm für das Tüpfelchen auf dem i und die Extraportion Sicherheit.

Warnweste
mit echten
Leuchtstreifen
Anleitung auf
Seite 54-55

Filzgürtel mit
überzeugend echtem
Flammensymbol
Anleitung auf Seite 60–61

Feuerwehrhose aus
dem Grundschnitt
Anleitung auf Seite 84–87

Basic-Hose

Einfacher Grundschnitt, super flexible Grundlage für kreative Kostüme, z. B. Feuerwehr, König, Arzt, Pirat, Wikinger ...

GRÖSSE

(104–110/116–122)
[128–134, 140/146]

MATERIAL

Für alle Modelle

Gummiband, 2 cm breit, 80 cm lang für Pirat, Feuerwehr, König/130 cm lang für Wikinger

farblich passendes Nähgarn

Feuerwehr

Stoff 1: Baumwollstoff in Rot, 140 cm x (90) [110] cm

Stoff 2: Faschingssatin in Grau, 45 cm x 15 cm

Stoff 3: Baumwollstoff in Gelb, 100 cm x 10 cm

reflektierendes Band, silberfarben, 2 cm breit, (100 cm) [110 cm] cm lang

VORLAGENBOGEN 1B

ZUSCHNITT

Die Schnittteile sind inkl. 1 cm Naht- und 2 cm Saumzugaben. Maße sind inkl. 1 cm Nahtzugabe.

Feuerwehr

Stoff 1: 1x Vorderteil bei doppelter Stofflage, lang

1x Rückteil bei doppelter Stofflage, lang

2x Tasche (14 cm x 20 cm) [18 cm x 26 cm] für Größe (104–122) [128–146]

Stoff 2: 2x Knieverstärkung (10 cm x 14 cm) [14 cm x 20 cm] für Größe (104–122) [128–146]

Stoff 3: 2x Deko-Streifen von (50 cm) [55 cm] für Größe (104–122) [128–146] x 10 cm

NÄHEN

Für alle Hosen

1 Baumwollstoffteile rundum versäubern. Die Vorder- sowie die Rückteile jeweils rechts auf rechts stecken und die Schrittnähte schließen. Teile auffalten.

2 Vorderteile und Rückteile rechts auf rechts stecken, mit den Seiten bündig. Die äußeren Beinnähte schließen.

3 Die obere Kante entsprechend der Markierung im Schnittmuster nach links bügeln, füßchenbreit festnähen, dabei in der rückwärtigen Mitte eine Öffnung von 8 cm Breite auslassen.

4 Das Gummiband auf Taillenumfang + 2 cm zurechtscheiden. Gummiband mithilfe einer Sicherheitsnadel durch den Tunnel ziehen. Die Gummibandenden 1 cm überlappend zum Ring stecken und mit breiten Zickzackstichen festnähen.

5 Tunnelöffnung schließen.

Feuerwehr

1 Siehe Schritte für alle Hosen.

2 Längsseiten der gelben Streifen 1 cm breit nach links bügeln. Streifen mit Abstand zu den unteren Kanten auf die rechten Beinseiten stecken. Streifen knappkantig festnähen. Darauf mittig je ein Stück reflektierendes Band stecken und an den Längskanten knappkantig festnähen.

3 Die Ecken der grauen Rechteck 2–3 cm breit im 45°-Winkel abschneiden, dann alle Kanten rundum 1 cm breit nach links bügeln. Knieverstärkungen in Kniehöhe auf die vorderen Hosenbeine stecken und knappkantig festnähen.

4 Die obere Taschenkante 3 cm nach links bügeln, die seitlichen Kanten und die untere Kante 1 cm breit umbügeln. Obere Kante 2 cm breit absteppen. Taschen auf Oberschenkelhöhe über der Seitennaht auf die Hosenbeine stecken und knappkantig festnähen.

5 Innere Beinnaht rechts auf rechts schließen.

6 Hosenbeinsäume nach links bügeln und füßchenbreit festnähen.

GRÖSSE

(104–110/116–122)
[128–134, 140/146]

MATERIAL

König:in

Stoff 1: Baumwollstoff in Schwarz, 140 cm x (90) [110] cm

Stoff 2: Samt oder Faschingssatin in Rot, 120 cm x 20 cm

Arzt/Ärztin

Stoff 1: Baumwollstoff in Blau, 140 cm x (90) [110] cm

Pirat:in

Stoff 1: Faschingssatin in Schwarz, 140 cm x (90) [110] cm

Wikinger

Stoff 1: Jersey in Taupe, 140 cm x (70) [90] cm

VORLAGENBOGEN 1B

ZUSCHNITT

Nahtzugaben siehe Seite 85.

König:in

Stoff 1: 1x Vorderteil bei doppelter Stofflage, lang, ohne Seitenstreifen

1x Rückteil bei doppelter Stofflage, lang, ohne Seitenstreifen

Stoff 2: 1x Seitenstreifen bei doppelter Stofflage

Arzt/Ärztin

Stoff 1: 1x Vorderteil bei doppelter Stofflage

1x Rückteil bei doppelter Stofflage

Pirat:in, Wikinger

Stoff 1: 1x Vorderteil bei doppelter Stofflage, nur bis zur Markierungslinie für Pirat und Wikinger, bei Wikinger + 3 cm Saumzugabe

1x Rückteil bei doppelter Stofflage, nur bis zur Markierungslinie für Pirat und Wikinger, bei Wikinger + 3 cm Saumzugabe

NÄHEN

König:in

1 Je einen Seitenstreifen rechts auf rechts an den Außenkanten zwischen ein vorderes und ein rückwärtiges Hosenbein nähen.

2 Hosenteile rechts auf rechts stecken und beide Schrittnähte schließen.

3 – 5 Siehe Schritte für alle Hosen.

6 Innere Beinnaht rechts auf rechts schließen.

7 Hosenbeinsäume nach links bügeln und füßchenbreit festnähen.

Arzt/Ärztin

1 – 5 Siehe Schritte für alle Hosen.

6 Innere Beinnaht rechts auf rechts schließen.

7 Hosenbeinsäume nach links bügeln und füßchenbreit festnähen

Pirat:in

1 – 5 Siehe Schritte für alle Hosen.

6 Innere Beinnaht rechts auf rechts schließen.

7 Untere Hosenbeinkanten in unregelmäßige Zacken schneiden.

Wikinger

1 – 5 Siehe Schritte für alle Hosen.

6 Hosenbeinsäume 3 cm breit nach links bügeln und füßchenbreit festnähen.

7 Zwei Stücke Gummiband (Länge wie untere Hosenbeinkante x 0,8) schneiden, mit einer Sicherheitsnadel durch die Stofftunnel ziehen und in den Nahtzugaben festnähen.

8 Innere Beinnaht rechts auf rechts schließen.

Seite 87

Basic-Leggings

Grundschnitt für ganz viele Kostüme

GRÖSSE

104–110/116–122,
[128–134/140-146]

MATERIAL

Jersey in gewünschter Farbe,
140 cm x 85 cm [100 cm]

Gummiband, 3 cm breit, Länge wie Bauchumfang x 0,8

farblich passendes Nähgarn

VORLAGENBOGEN 1B

ZUSCHNITT

Das Schnittteil ist inkl. 1 cm Naht- und 2 cm Saumzugaben.

Jersey:

1x Leggings bei doppelter Stofflage

NÄHEN

1 Die unteren Beinkanten 2 cm breit nach links schlagen, bügeln und mit dem Dreifach-Zickzackstich oder einer Zwillingsnadel festnähen.

2 Die Hosenbeine bündig rechts auf rechts legen und die vordere sowie die rückwärtige Schrittnaht schließen.

3 Die Schrittnähte zur Mitte ziehen, sodass die inneren Beinkanten bündig liegen. Diese zusammennähen.

4 Das Gummiband zum Ring schließen und an die Taillenkante nähen (siehe Seite 101, Gummibund nähen).

TIPP

Passt unter Tüllröcke, sowie alle Tier-Kostüme. Für kurze Leggings ist eine Trennlinie im Schnitt eingezeichnet.

Basic-Shirt

Wandelbarer Grundschnitt mit langen oder kurzen Ärmeln für unzählige Kostüme

GRÖSSE

104–110/116–122/128–134/
140–146

MATERIAL

Jersey in gewünschter Farbe,
140 cm x 90 cm/100 cm/
110 cm/115 cm

farblich passendes Nähgarn

VORLAGENBOGEN 2A

ZUSCHNITT

Die Schnittteile sind inkl. 1 cm Naht- und 2 cm Saumzugaben. Die Maße für das Halsbündchen sind inkl. 1 cm Nahtzugabe.

Jersey:

1x Vorderteil im Stoffbruch

1x Rückteil im Stoffbruch

1x Ärmel bei doppelter Stofflage

1x Halsbündchen
(Halsausschnittlänge x 0,75) x 4 cm

NÄHEN

1 Vorder- und Rückteil rechts auf rechts legen, an den Schulterkanten bündig. Die Schulternähte schließen.

2 Das Halsbündchen mittig rechts auf rechts falten und die kurzen Kanten zusammennähen. Anschließend den Bündchenring an den langen Kanten links auf links falten. Das Halsbündchen rechts auf rechts, leicht gedehnt am Halsausschnitt einnähen.

3 Die Ärmel mit den Armkugeln rechts auf rechts in die Armausschnitte stecken, dabei trifft die Schultermarkierungen des Ärmels auf die Schulternaht des Shirts und die Passzeichen von Armkugel und vorderem Armausschnitt aufeinander. Ärmel von der Ärmelseite aus festnähen.

4 Vorder- und Rückteil rechts auf rechts legen und die Ärmel in Längsrichtung rechts auf rechts falten, sodass die Ärmel- sowie die Seitenkanten jeweils aufeinanderliegen. Die Seiten- und Ärmelnähte von der Ärmelkante bis zur unteren Shirtkante mit einer durchgehenden Naht schließen.

5 Den Shirtsaum nach links schlagen und bügeln, anschließend mit elastischen Stichen festnähen.

6 Die Säume an den Ärmeln ebenso nähen.

TIPP

Das Basic-Shirt ist eine großartige Leinwand für ganz viel Kreativität! Es lässt sich mit tollen Applikationen versehen (Anleitungen auf Seite 46 und 47), bemalen oder besticken, und natürlich für jedes Kostüm aus dem perfekt passenden Jersey nähen.

Seite 92

Nach einem Tag voller Abenteuer und fantasievoller Rollenspiele gibt es nichts Schöneres als müde, aber glückliche Kinder. Mit leuchtenden Augen und einem Lächeln im Gesicht erzählen sie von ihren Erlebnissen als Zauberer, Einhorn, Superheld oder Feuerwehrfrau. Die selbstgenähten Kostüme haben ihnen nicht nur Freude bereitet, sondern auch ihre Kreativität und sozialen Fähigkeiten gefördert.

Ich hoffe, dass dieses Buch dir viele inspirierende Ideen und praktische Anleitungen geliefert hat, um deine Kinder in eine Welt voller Fantasie und Spaß zu zaubern. Mögen die Kostüme, die du mit viel Liebe und Sorgfalt genäht hast, viele unvergessliche Momente und strahlende Kinderaugen hervorbringen.

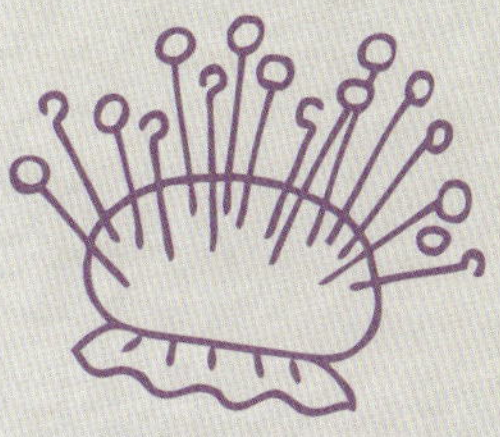

GRUNDLAGEN

Die wichtigsten Näh-Techniken zum Nachlesen

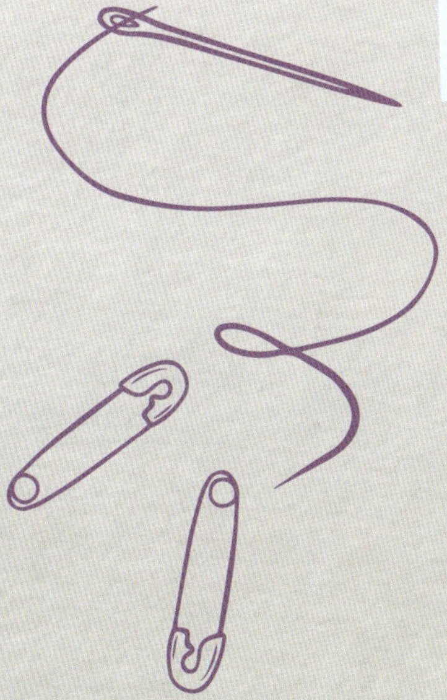

SCHNITTMUSTER KOPIEREN

Zum Abpausen transparentes Papier verwenden.

1 Das Papier auf die Schnittmuster im Vorlagenbogen legen und nachfahren.

2 Alle Markierungen mit übertragen.

3 Anschließend das Schnittmuster mit einer Papierschere ausschneiden.

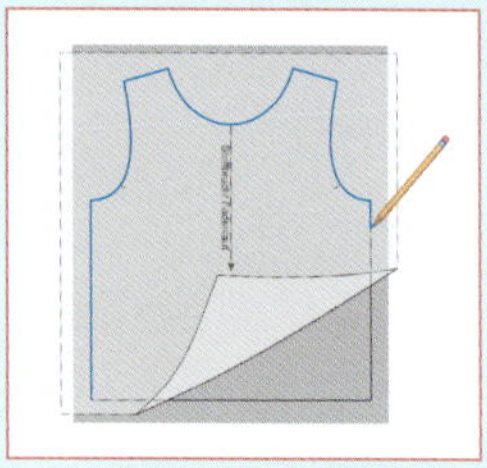

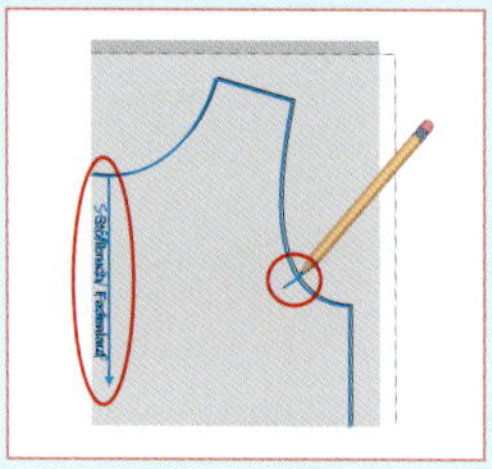

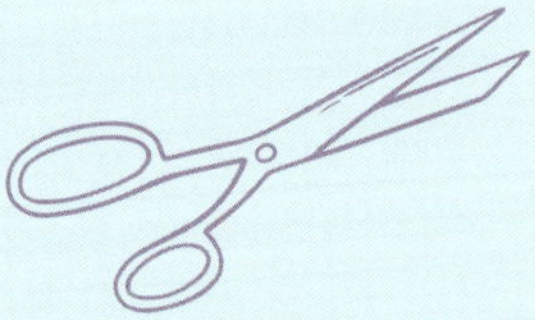

ZUSCHNITT

1 Die Schnittmuster im Fadenlauf auf die linke Stoffseite stecken und mit Nadeln fixieren.

2 Alle Markierungen mit Schneiderkreide auf den Stoff übertragen.

3 Anschließend den Papierschnitt entfernen und das Schnittteil mit Nahtzugaben ausschneiden.

Bei doppelter Stofflage den Stoff rechts auf rechts falten und dann wie zuvor beschreiben verfahren. Zum Ausschneiden bei doppelter Stofflage die Stoffe mit Stecknadeln aufeinander fixieren, damit sie beim Schneiden nicht verrutschen.

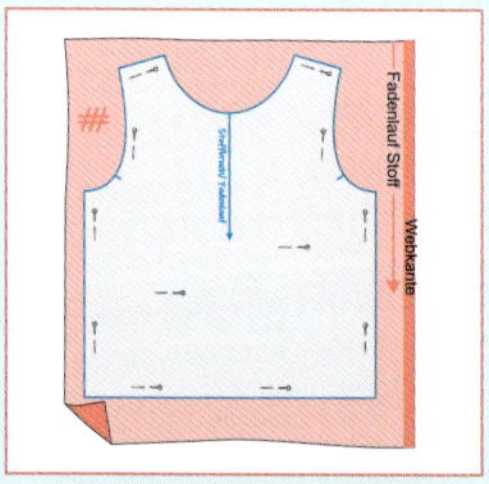

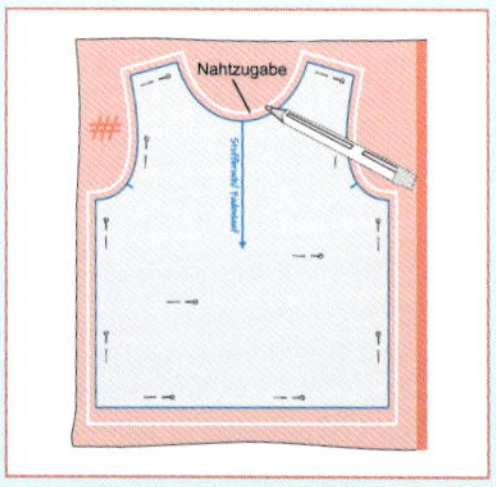

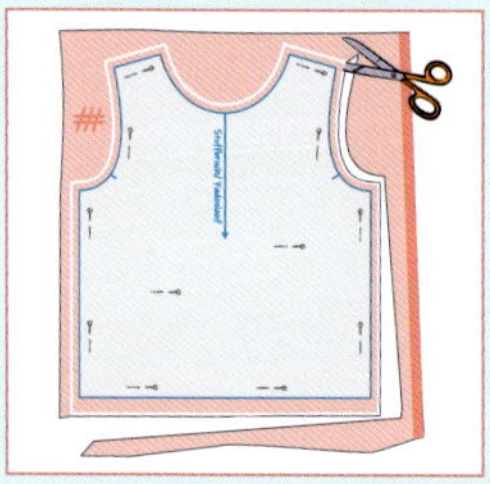

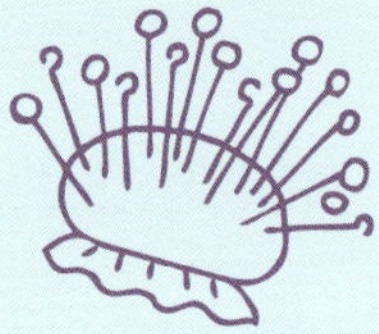

ZUSCHNITT IM STOFFBRUCH

Den Stoff rechts auf rechts falten und das Schnittmuster mit der entsprechenden Kante im Stoffbruch anlegen.

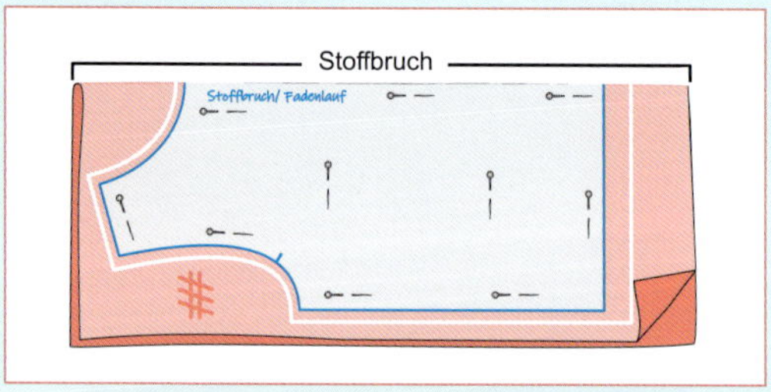

GEMUSTERTE STOFFE ZUSCHNEIDEN

Bei Motivstoffen darauf achten, dass alle Schnittteile im Fadenlauf entsprechend dem Muster aufgelegt werden. Bei Streifen oder karierten Stoffen außerdem beachten, dass Muster an den Seitennähten zweier Teile passgenau aufeinandertreffen. Für den Einstieg ist es leichter, einfarbige Stoffe oder unkomplizierte kleingemusterte Ware zu verwenden.

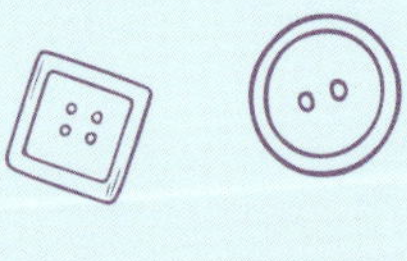

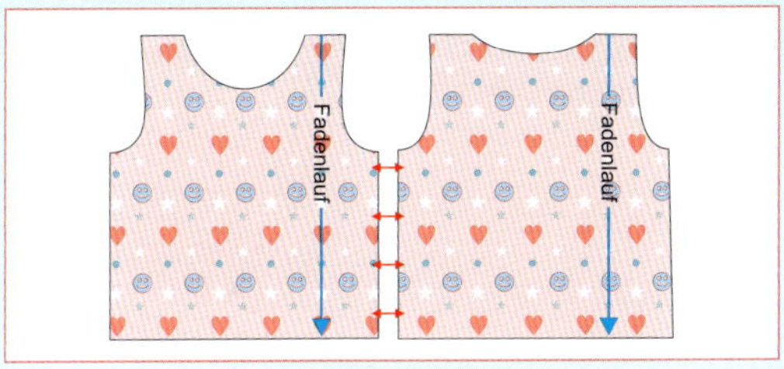

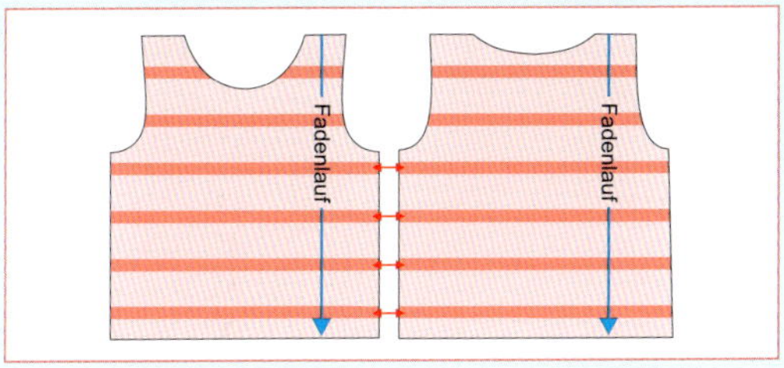

NAHTZUGABEN

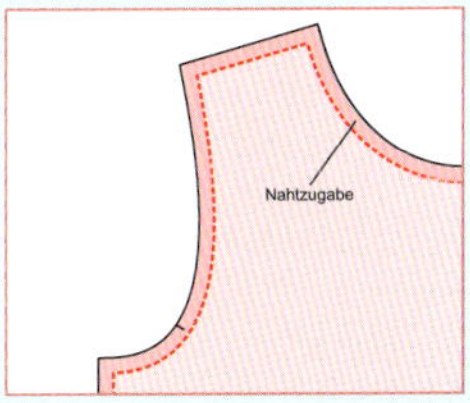

Die Infos zu Naht- und Saumzugaben bitte der jeweiligen Anleitung entnehmen. Die Schnittteile, die in den einzelnen Anleitungen als Zuschnitt von Streifen oder Rechtecken angegeben sind, enthalten in diesen Maßangaben bereits Nahtzugaben.

GRÖSSEN

Die vorliegenden Schnittmuster passen einer Größe von 104–146. Einige Modelle, wie z. B. die Krone, entsprechen „one size" und passen jeder Größe.

VLIESEINLAGE AUFBÜGELN

1 Die Vlieseinlage mit der klebenden Seite auf der linken Stoffseite platzieren.

2 Ein feuchtes Tuch darüberlegen und mit Druck festbügeln. Das Bügeleisen für die vom Hersteller angegeben Zeit und in der angegebenen Hitze-Einstellung fest auf den Stoff drücken.

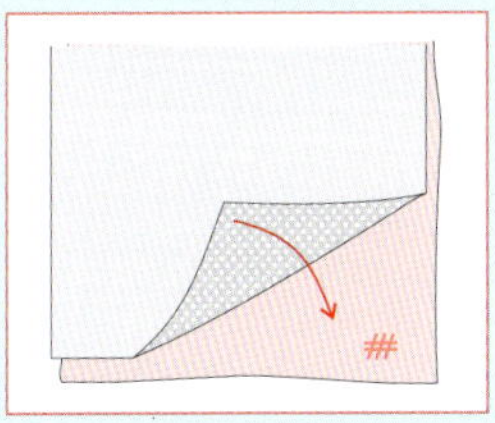

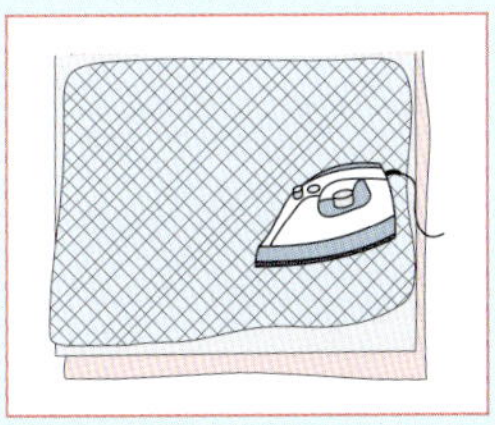

VERSCHIEDENE STICHE

Für die Baumwollstoffe werden der Geradstich und zum Versäubern der Zickzackstich verwendet. Säume und sichtbare Nähte können auch mit Zierstichen abgesteppt werden.

Zum Zusammennähen dehnbarer Stoffe eignen sich der Jerseystich (dreifacher Geradstich), der Elastikstich, der Pseudo-Overlockstich oder ein im flachen Winkel eingestellter Zickzackstich.

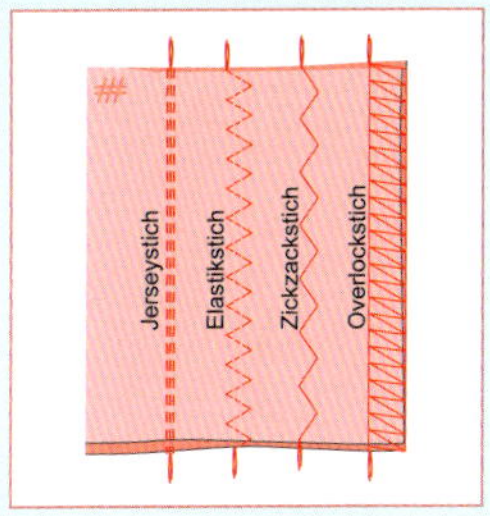

DIE NAHT

1 Zwei Stoffteile rechts auf rechts legen und mit Stecknadeln fixieren.

2 Die Stofflagen entlang der Nahtlinie zusammennähen.

3 Am Anfang und Ende der Naht jeweils einige Stiche rückwärts nähen (= verriegeln), um die Naht zu sichern.

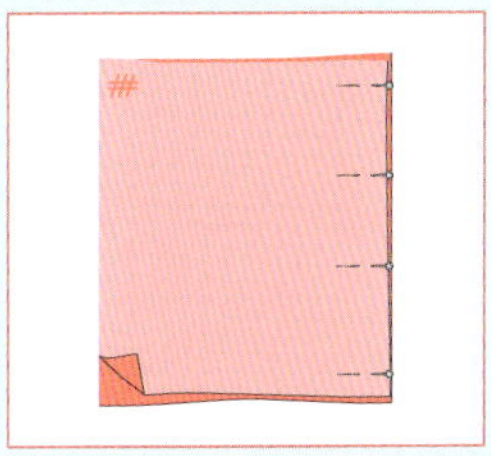

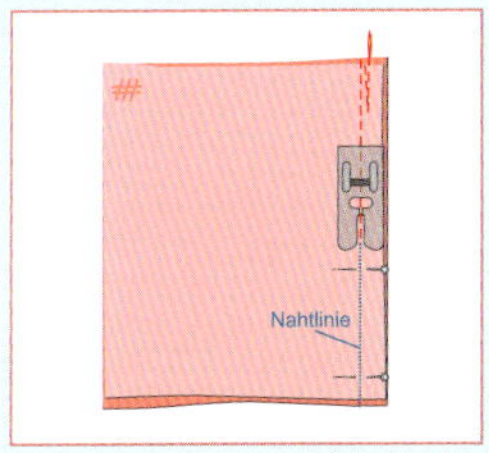

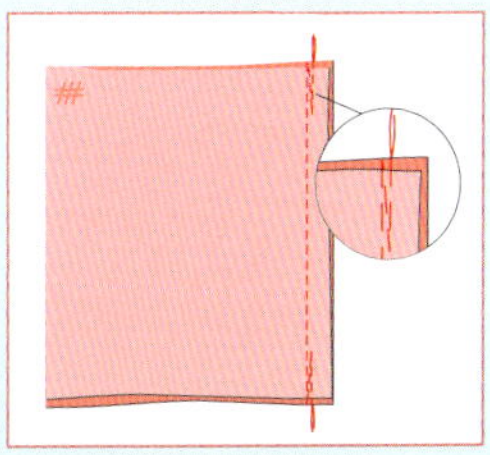

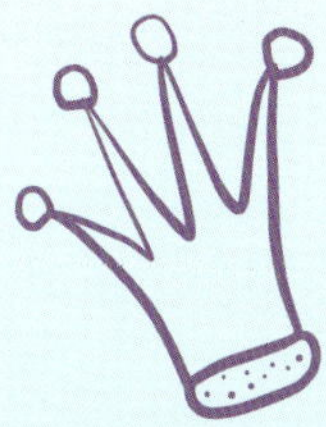

ECKEN NÄHEN

1 Genau bis auf den Eckpunkt der Nahtlinie nähen.

2 Die Nadel mit dem Handrad in den Stoff drehen, das Nähfüßchen heben und den Stoff neu ausrichten.

3 Das Nähfüßchen wieder absenken und weiternähen.

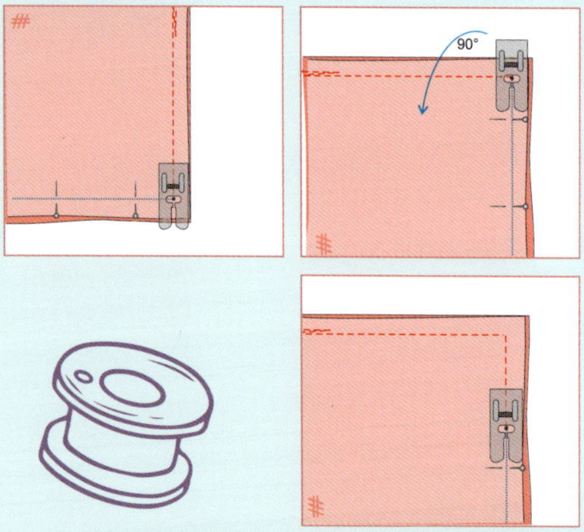

NAHTZUGABEN EINSCHNEIDEN

1 Bei Innenrundungen die Nahtzugaben mit geraden Schnitten mehrmals bis kurz vor die Naht einknipsen.

2 Bei Außenrundungen werden die Nahtzugaben v-förmig eingeschnitten.

3 An Ecken die Nahtzugaben quer abschneiden, an spitzen Ecken schmal zu den Ecken hin verlaufend abschneiden.

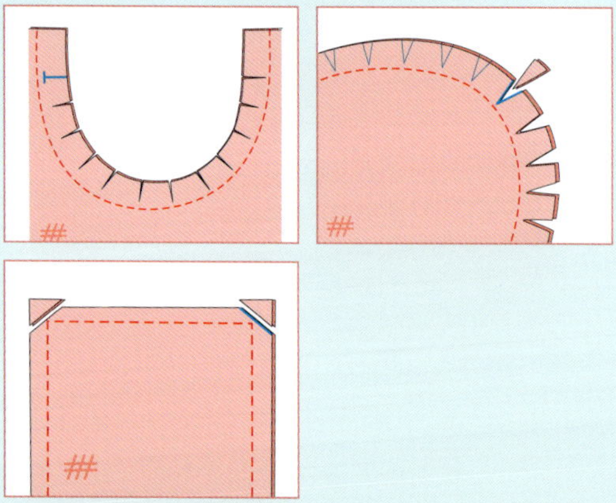

KNAPPKANTIG UND FÜSSCHENBREIT ABSTEPPEN

1 Neben einer Naht die Stofflagen mit ca. 2 mm (knappkantig) oder

2 7 mm (füßchenbreit) Abstand zur Naht absteppen. Diese Nähte werden entweder zur Fixierung der Stofflagen oder aus optischen Gründen eingesetzt.

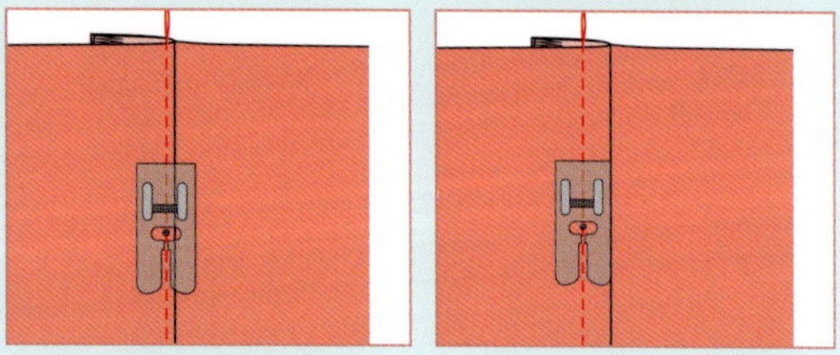

NAHTZUGABEN AUSEINANDERBÜGELN

1 Die Nahtzugaben auseinander drücken und mit dem Bügeleisen darüberfahren.

2 Bei zusammen versäuberten Nahtzugaben werden diese zu einer Seite gelegt und dann gebügelt.

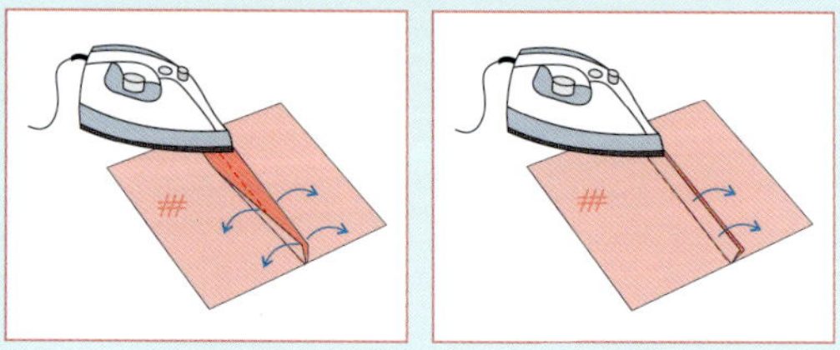

VERSÄUBERN

1 Zum Versäubern der Baumwollstoffe mit breiten Zickzackstichen (3 mm breit, 3 mm lang) an den Stoffrändern der Nahtzugaben entlangnähen. Dabei abwechselnd im Stoff und dicht neben dem Stoff einstechen.

2 Manchmal bietet es sich aus optischen Gründen an, zwei Nahtzugaben mit Zickzackstichen zusammenzufassen.

Jerseystoffe fransen nicht aus und müssen daher nicht versäubert werden.

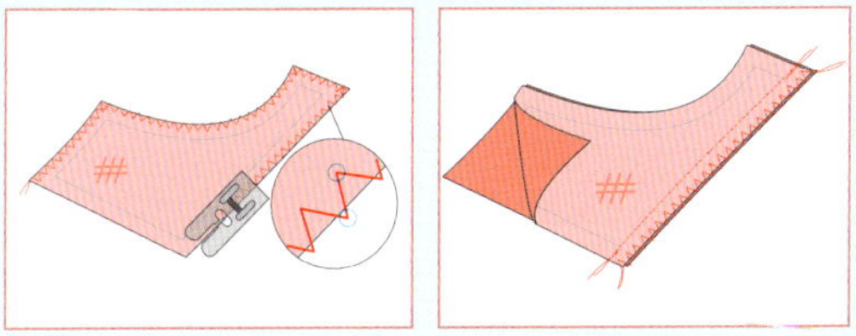

WENDEÖFFNUNG MIT DEM MATRATZENSTICH SCHLIESSEN

Die Nahtzugaben an der Wendeöffnung nach links falten. Um den Knoten zu verstecken, die Handnadel mit Faden an einem Ende der Öffnung von der Stoffinnenseite nach außen führen. Abwechselnd auf beiden Seiten der Nahtzugaben einstechen, dabei bei dem Seitenwechsel immer genau auf der gleichen Höhe wieder einstechen. Am Ende der Öffnung den Faden vernähen.

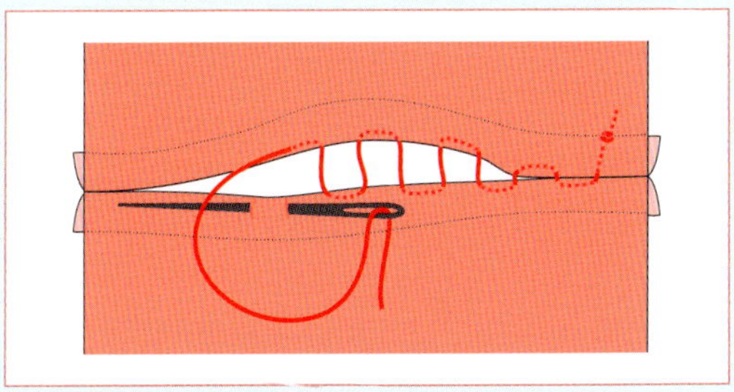

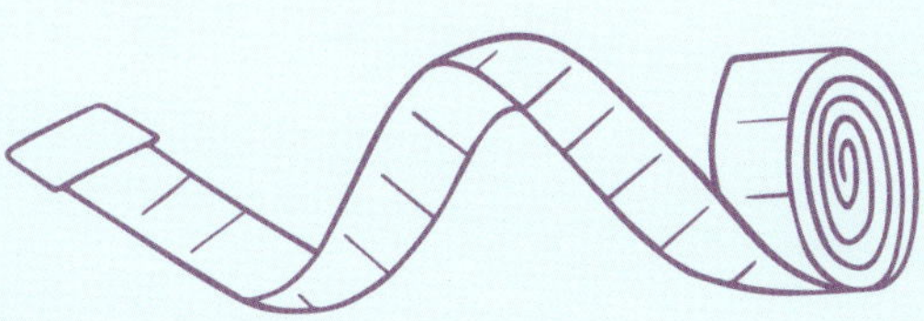

APPLIKATION

1 Außer einem Material für die Applikation wird doppelseitig klebendes Bügelvlies benötigt. Das Motiv (ggf. seitenverkehrt) auf das Trägerpapier des Bügelvlieses übertragen. Danach das Vlies auf die linke Stoffseite des Stoffes bügeln.

2 Das Motiv mit dem aufgebügelten Vlies ausschneiden, dann das Trägerpapier abziehen.

3 Das Motiv mit der Klebeschicht auf die rechte Seite des Modellteiles stecken und festbügeln. Anschließend mit dem Geradstich oder einem Zickzackstich festnähen.

JERSEY-SCHNITTKANTEN EINFASSEN MIT OFFENER UNTERSEITE

1 Den Streifen rechts auf rechts auf die rechten Seiten der Schnittkante stecken und festnähen.

2 Anschließend die Nahtzugaben zur linken Seite des Kleidungsstückes falten und bügeln. Nach Belieben den Ausschnitt unterhalb des Einfassstreifens absteppen, die Nahtzugaben dabei befestigen (z. B. Geradstich, Zickzackstich oder Zwillingsnadel).

3 Auf der linken Seite die Nahtzugabe vorsichtig bis knapp vor die Naht zurückschneiden.

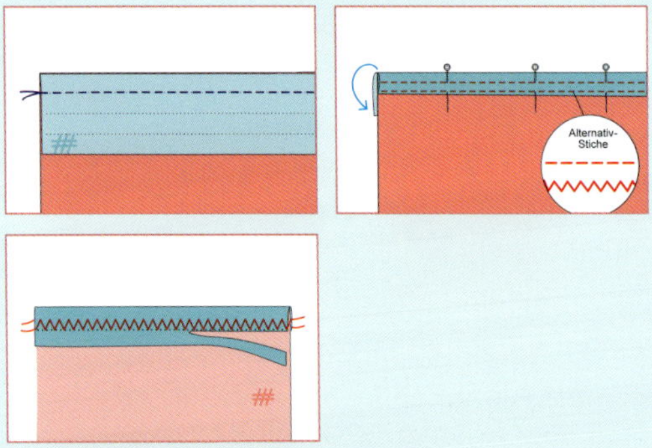

SCHRÄGSTREIFEN ZUSCHNEIDEN

Die Streifenhöhe misst die vierfache Höhe der fertigen Einfass-Höhe. Bei Baumwolle die Streifen für das Einfassen von Rundungen im schrägen Fadenlauf zuschneiden, d.h. im 45°-Winkel. Falls nur sehr kurze Rundungen eingefasst werden müssen, können die Streifen auch im geraden Fadenlauf geschnitten werden, um Material zu sparen. Schrägstreifen in vielen Farben sind im Handarbeits-Handel erhältlich.

KANTEN GESCHLOSSEN EINFASSEN MIT ZUGESCHNITTENEN STREIFEN UND GEKAUFTEN SCHRÄGSTREIFEN

1 Die Streifen rechts auf links entlang der Einfass-Kante auf den Stoff legen und festnähen. Die Nahtzugabe entspricht ¼ der Streifenhöhe.

2 Den Streifen zur rechten Stoffseite falten und einschlagen, die Bruchkante liegt auf der Naht. Den Streifen knappkantig mit geraden Stichen oder mit Zickzack-/ Zierstichen festnähen.

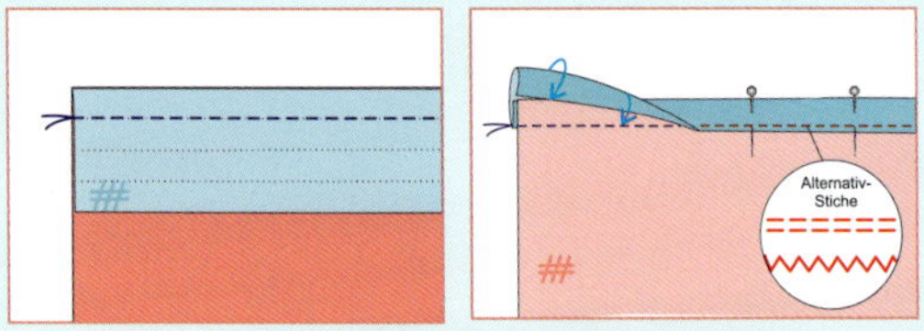

SÄUMEN

1 Die Saumzugaben nach innen schlagen und bügeln.

2 Anschließend feststeppen. Bei Baumwollstoffen eignen sich der Geradstich oder ein Zierstich. Bei Jerseyware einen elastischen Stich, z. B. den Zickzackstich verwenden.

3 Schöne Saumnähte erreicht man auch mit einer Zwillingsnadel.

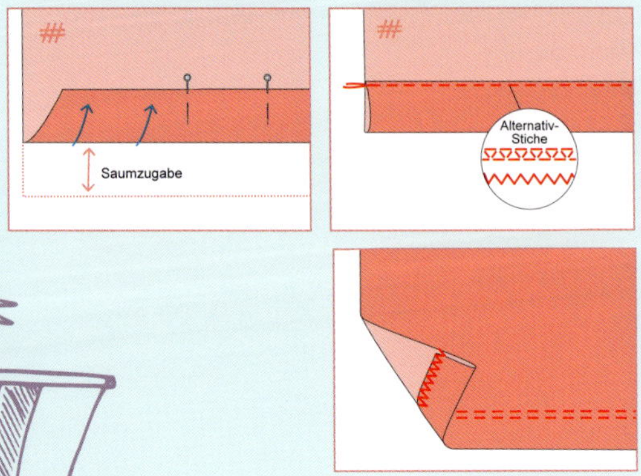

GUMMIBUND NÄHEN

1 Das Gummi 1 cm breit überlappend zum Ring legen und mit einem durchkreuzten Rechteck (oder breiten Zickzackstichen) zusammennähen.

2 Gummibandring sowie Taillenkante in vier gleich lange Abschnitte einteilen.

3 Den Ring auf der linken Taillenkante gleichmäßig gedehnt auf die Abschnitte verteilt feststecken und mit dehnbaren Stichen festnähen.

4 Taillenkante mit Gummi nach links umschlagen und feststecken, dabei wieder an den Markierungen orientieren. Den Umschlag mit dehnbaren Stichen annähen.

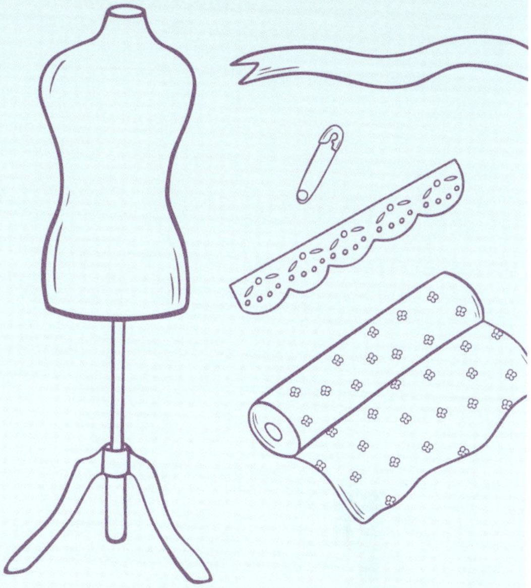

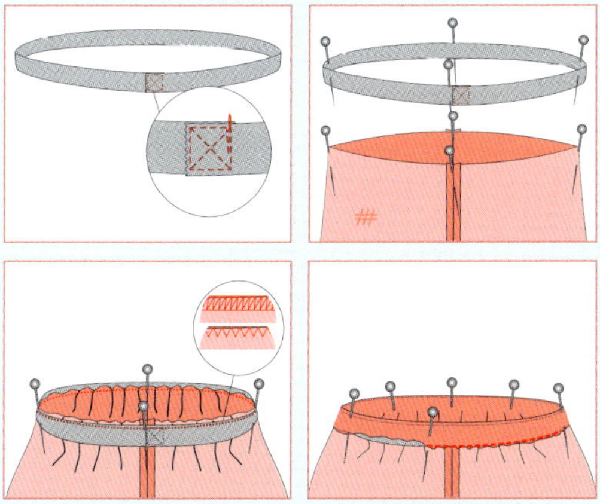

KRÄUSELN MIT NÄHFADEN

1 Entlang der zu kräuselnden Kante mit Abstand von 7 mm zwei Nähte mit großen geraden Stichen nähen (4–6 mm Stichlänge). Dabei liegt eine Naht knapp oberhalb der späteren Nahtlinie, die andere darunter. Die Anfangs- und Endfäden lang lassen.

2 Den Stoff entlang der Unterfäden auf die gewünschte Länge zusammenschieben. Die Fadenenden miteinander verknoten.

3 Nach dem weiteren Verarbeiten des gekräuselten Teiles werden die Kräuselfäden wieder entfernt.

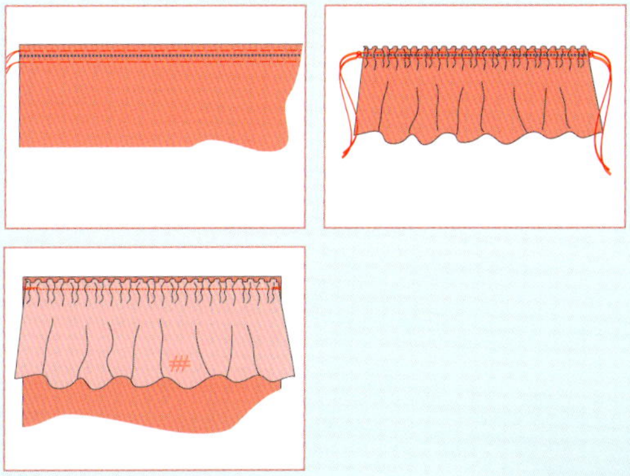

Sicherheitshinweis
zu selbstgenähten Kinderkostümen

Liebe Eltern und Betreuer:innen, bei der Nutzung unserer Nähanleitungen für Kinderkostüme ist es wichtig, stets gesunden Menschenverstand walten zu lassen und die Sicherheit der Kinder im Auge zu behalten. Hier einige wichtige Hinweise:

AUFSICHT:

Kinder sollten beim Tragen der Kostüme immer beaufsichtigt werden, um Unfälle zu vermeiden.

LANGE BÄNDER:

Achtet darauf, dass lange Bänder oder Schnüre nicht zur Strangulationsgefahr werden. Kürzt diese gegebenenfalls oder verzichtet ganz darauf.

FEUERQUELLEN:

Haltet Kinder in Kostümen von offenen Feuerquellen fern, um Brandgefahr zu vermeiden.

ALTERSEMPFEHLUNG:

Viele der in diesem Buch vorgestellten Kostüme sind nicht für Kleinkinder unter 3 Jahren geeignet.

GEWERBLICHE NUTZUNG:

Die vorgestellten Kostümideen und Schnittmuster sind ausschließlich für den privaten Gebrauch bestimmt. Eine gewerbliche Nutzung ist nicht erlaubt.

Euch und euren Kindern viel Freude und Sicherheit beim Nähen und Tragen der Kostüme!

Vorlagen

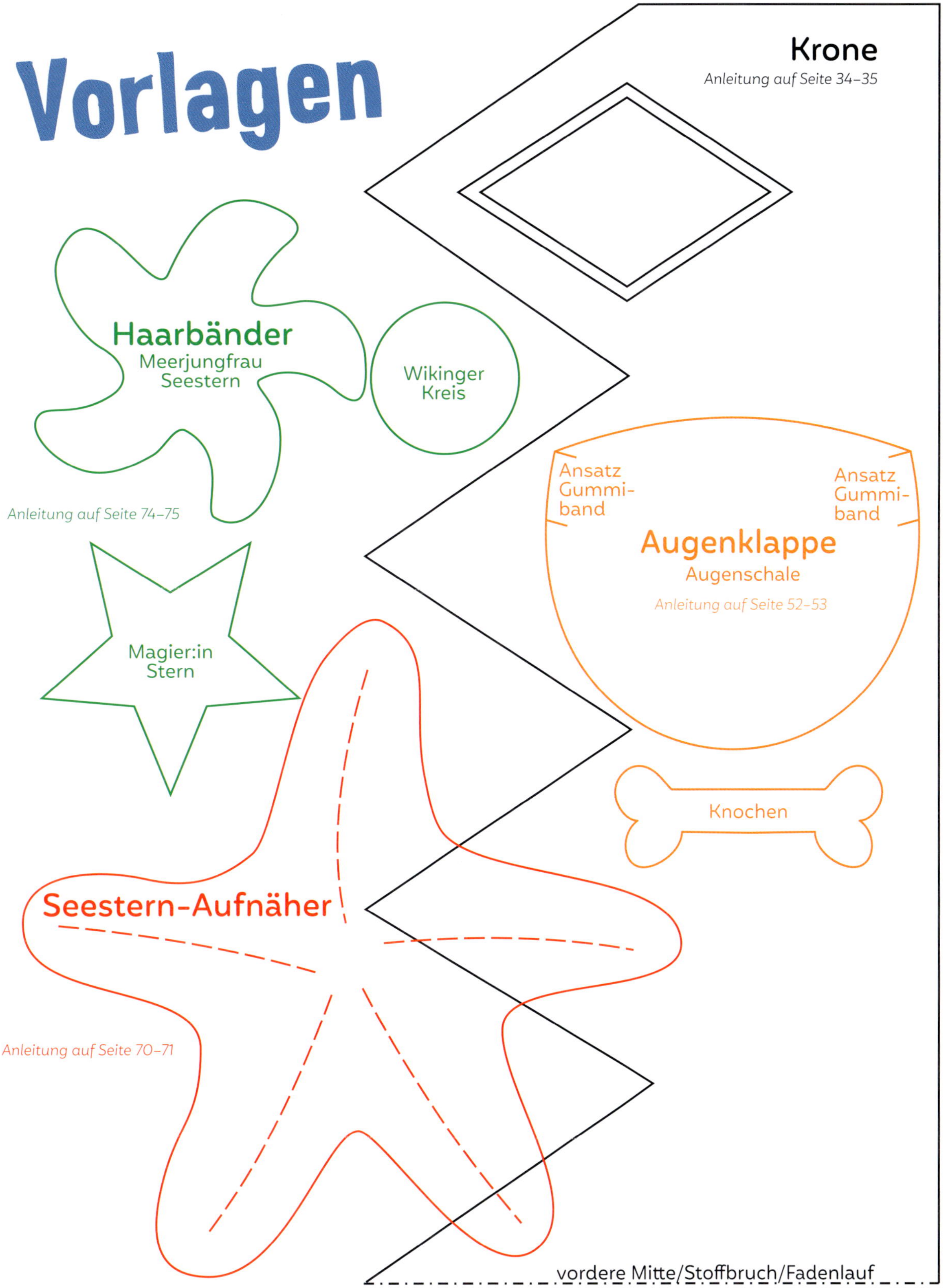
Krone
Anleitung auf Seite 34–35
Haarbänder
Meerjungfrau
Seestern
Wikinger
Kreis
Anleitung auf Seite 74–75
Ansatz
Gummi-
band
Ansatz
Gummi-
band
Augenklappe
Augenschale
Anleitung auf Seite 52–53
Magier:in
Stern
Knochen
Seestern-Aufnäher
Anleitung auf Seite 70–71
vordere Mitte/Stoffbruch/Fadenlauf

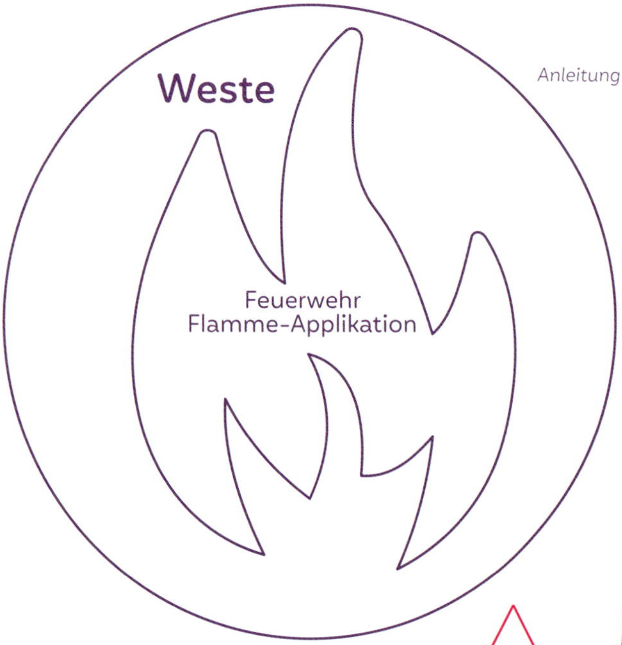

Anleitung auf Seite 54–55

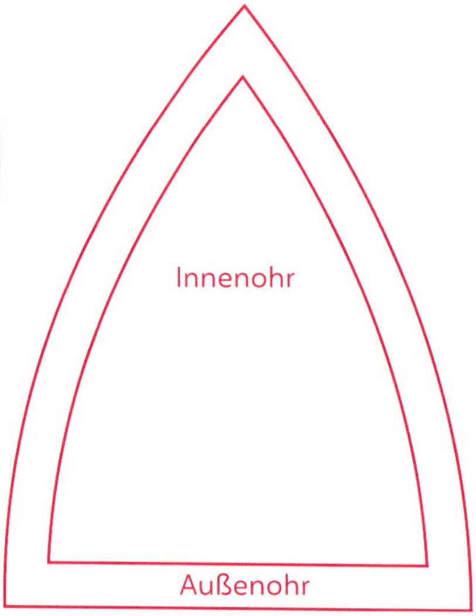

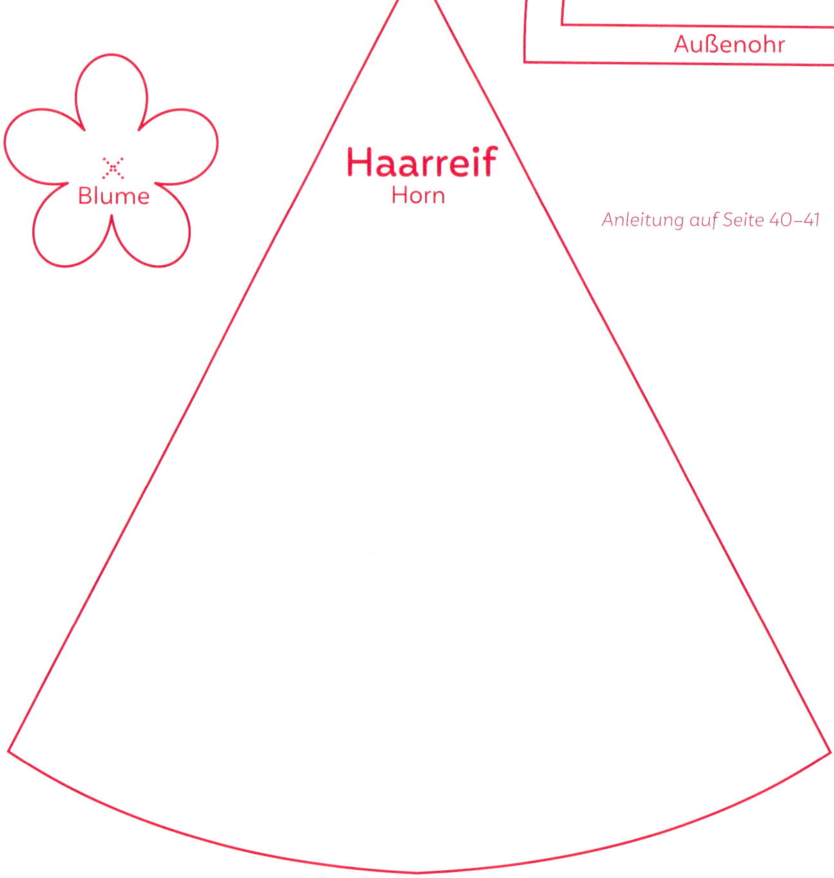

Anleitung auf Seite 40–41

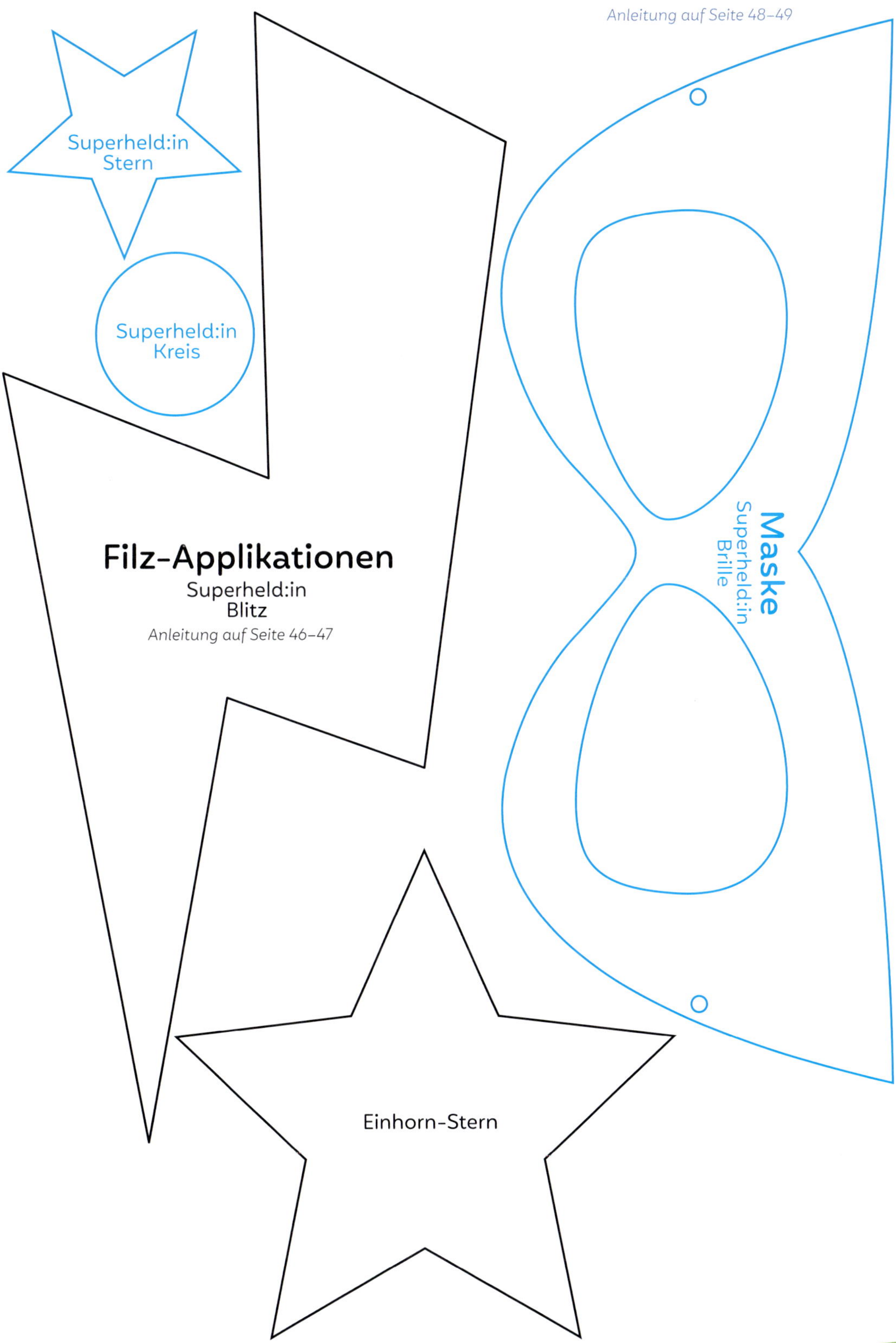
Anleitung auf Seite 48–49
Superheld:in
Stern
Superheld:in
Kreis
Filz-Applikationen
Superheld:in
Blitz
Anleitung auf Seite 46–47
Maske
Superheld:in
Brille
Einhorn-Stern

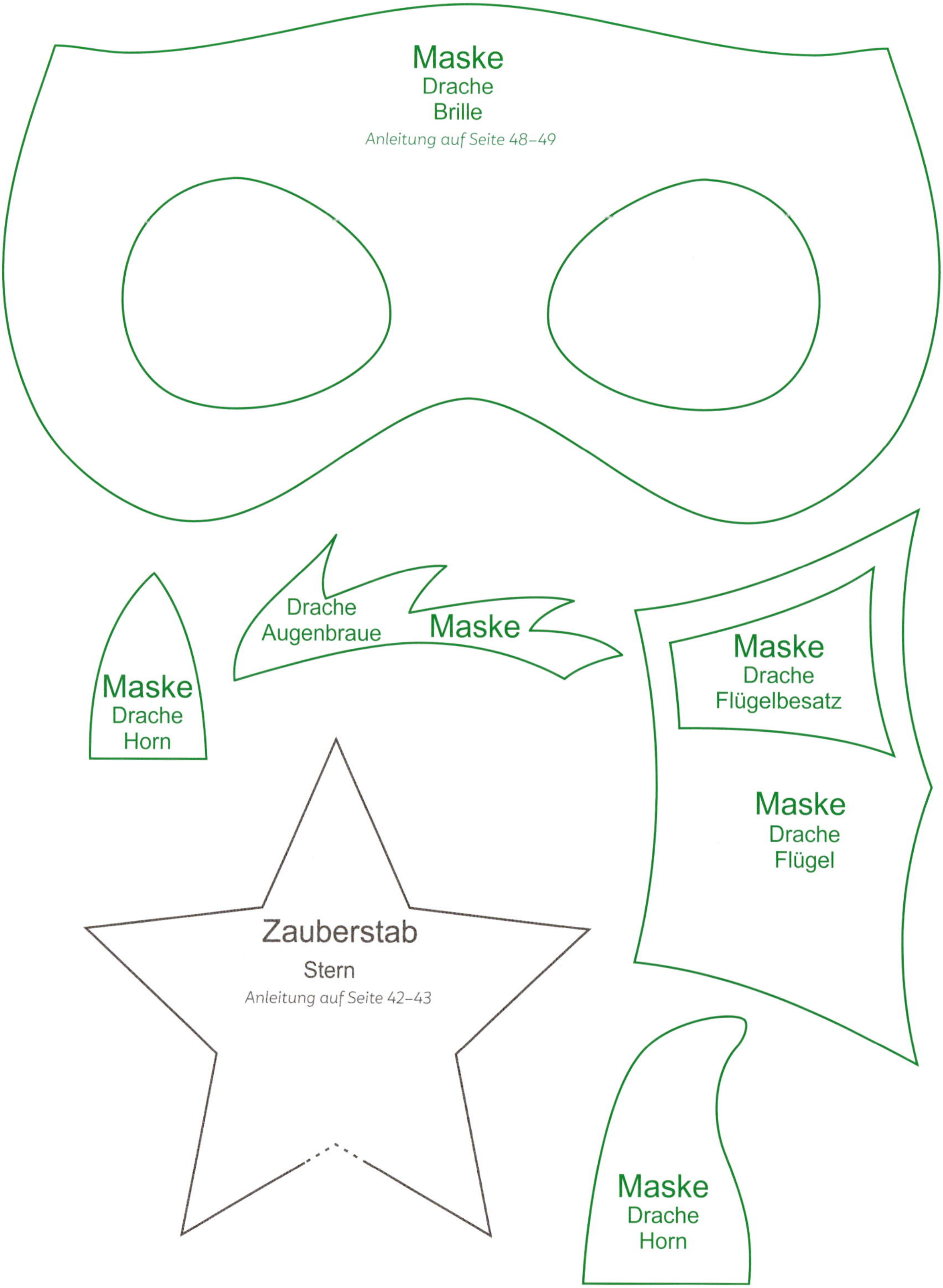
Maske
Drache
Brille
Anleitung auf Seite 48–49
Drache
Augenbraue
Maske
Maske
Drache
Horn
Maske
Drache
Flügelbesatz
Maske
Drache
Flügel
Zauberstab
Stern
Anleitung auf Seite 42–43
Maske
Drache
Horn

Applikation aus Plüsch

Schwanz-Applikation

Anleitung auf Seite 64–65

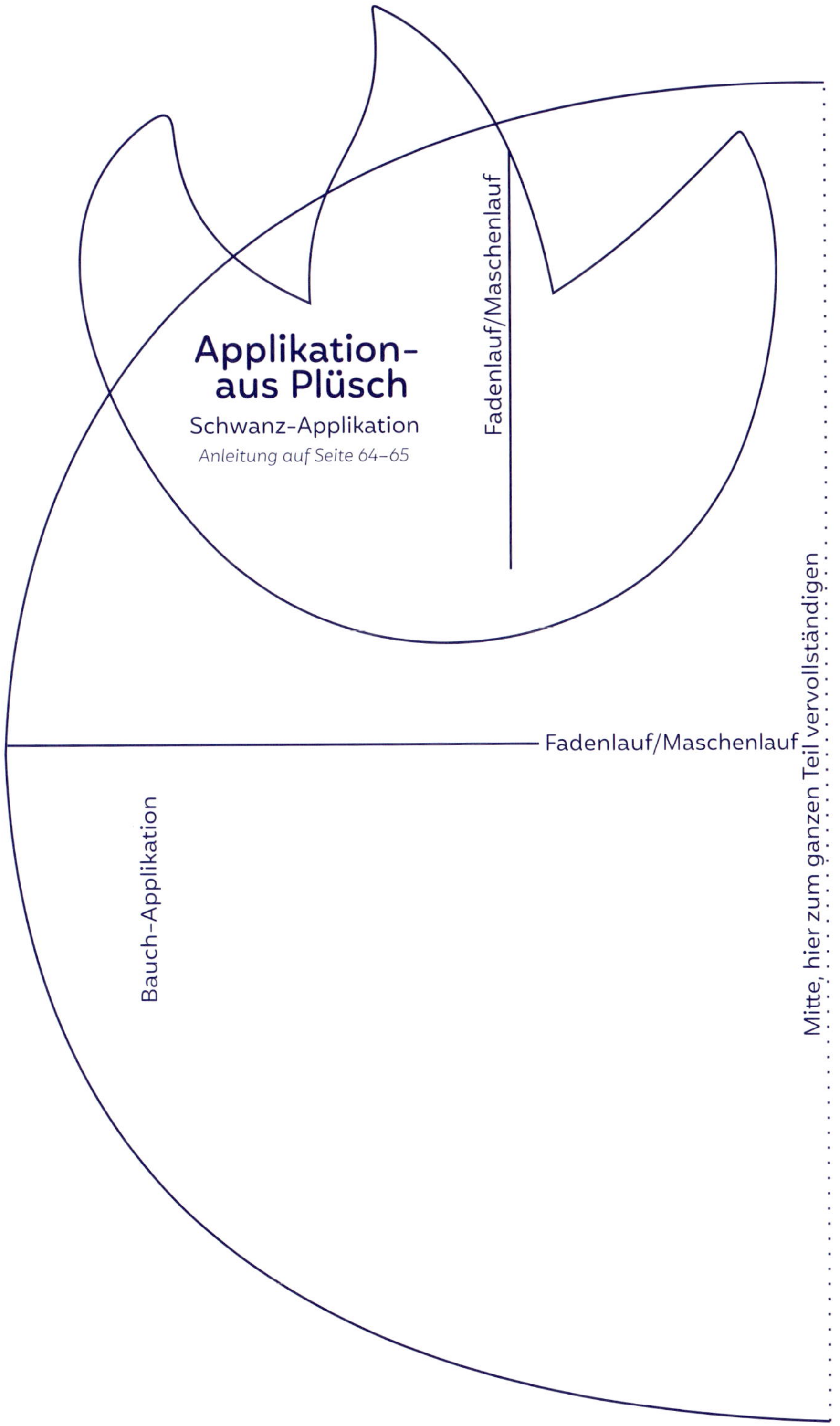

ENTDECKE AUCH UNSERE ....

Noch mehr Kreativ-Bücher zum gleichen Thema gesucht?

ISBN 978-3-7724-8179-6

ISBN 978-3-7724-6850-6

ISBN 978-3-7724-6855-1

ISBN 978-3-7358-7044-5

ISBN 978-3-7358-7007-0

ISBN 978-3-7724-4881-2

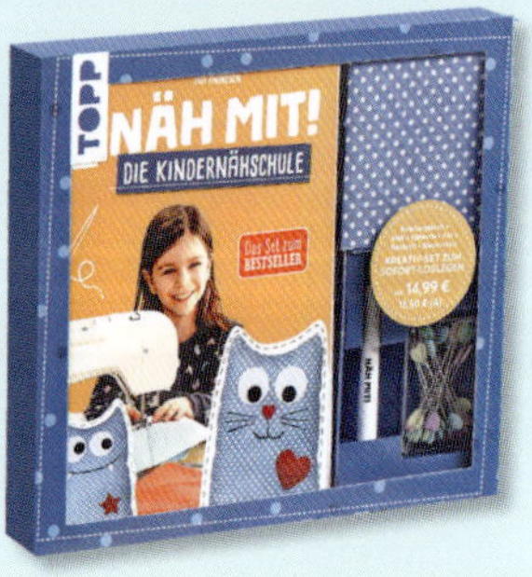

ISBN 978-3-7358-9192-1

ISBN 978-3-7358-9130-3

ISBN 978-3-7358-9101-3

Viele weitere Kreativ-Bücher findest du auf www.TOPP-kreativ.de

BUCHEMPFEHLUNGEN FÜR DICH

ISBN 978-3-7724-6865-0

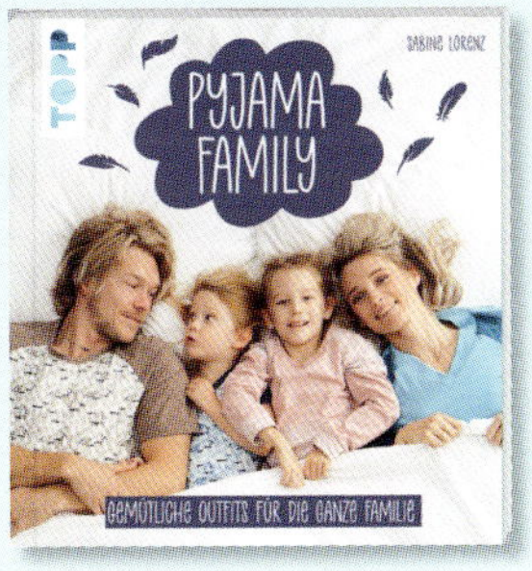

ISBN 978-3-7724-4864-5

ISBN 978-3-7724-6891-9

ISBN 978-3-7358-7145-9

ISBN 978-3-7358-7073-5

ISBN 978-3-7358-7058-2

ISBN 978-3-7724-4860-7

ISBN 978-3-7724-8166-6

ISBN 978-3-7358-7117-6

INA ANDRESEN

Schon im Alter von fünf Jahren hat Ina Andresen ihre erste Nähmaschine erhalten. Dieses Modell, das noch per Hand angetrieben wurde, hatte ihr Vater aus England mitgebracht. So nähte sie schon in ganz jungen Jahren und machte gern alles selbst. Das ist bis heute so geblieben. Ina Andresen hat in Hamburg das Nähen bei der Couture-Schneiderin Eva-Maria Zorn gelernt und Modedesign studiert. Heute schreibt sie Handarbeits- und Bastelbücher, näht in einer Jugendhilfeeinrichtung mit jungen Müttern Babyoutfits und gibt Nähkurse für Kinder. Ina Andresen lebt mit ihrer Familie im Schwarzwald.

Weitere Infos unter www.ina-andresen.de

Die DigiBib – Alle Updates für dich!
Hier findest du Aktualisierungen und Korrekturen zu deinem Produkt.
www.topp-kreativ.de/digibib

Freischaltcode: 55482

SERVICE-HOTLINE

Hast du Fragen oder gibt es ein Problem? Wir helfen dir gern. Ruf uns an oder schreib uns eine E-Mail:

Telefon: 0711 / 123 757 20*
*normale Telefongebühren

E-Mail: **mail@kreativ-service.info**

Weitere Informationen zum Verlag und zu unserem gesamten Programm findest du unter: **www.topp-kreativ.de**

IMPRESSUM

Wir danken Buttinette (www.buttinette.de) und Hilco (www.hilco-shop.de) herzlich für die Unterstützung bei der Umsetzung dieses Buches!

Fotos: frechverlag GmbH, 70839 Gerlingen; lichtpunkt, Michael Ruder, Stuttgart
Illustrationen Näh-Techniken: A. Reuß
Produktmanagement: Katrin Akyol
Lektorat: A. Reuß, Karlsruhe
Covergestaltung: Eva Hook
Herstellung: Jessica Siebert
Layout und Satz: Ramona Gaar, Werbeagentur Rypka GmbH, www.rypka.at
Druck und Bindung: BALTO print, Litauen

1. Auflage 2024

ISBN 978-3-7358-7124-4 · Best.-Nr. 27124

FSC® www.fsc.org MIX Papier aus verantwortungsvollen Quellen FSC® C107574

Penguin Random House Verlagsgruppe
FSC® N001967